JN493973

AI와 디자인 싱킹 가이드

AI문고

인공지능 시대입니다. 기계가 인간의 인지를 대신하고, 사물이 인간을 통하지 않고 다른 사물과 직접 커뮤니케이션합니다. 이에 따른 인간 삶과 문명 변화를 정확히 이해·예측·대응하는 것은 이 시대 우리 모두의 과제입니다. AI문고는 인공지능 기술과 환경의 여러 주제를 10가지 키워드로 정리합니다. 관련 개념과 이론, 학계와 산업계의 쟁점, 우리 일상의 변화를 다룹니다. 인간과 기술의 현재, 미래를 세심히 분석합니다.

일러두기

- 인명, 작품명, 저서명, 개념어 등은 한글과 함께 괄호 안에 해당 국가의 원어를 병기했습니다.
- 외래어 표기는 현행 어문규정의 외래어표기법을 따랐습니다.

처음이세요?

전문가세요?

지금, 큐알 찍으면

- AI 입문서 바로 선물
- 당신만의 필독서 추천
- 500권 요약본 공짜
- 오디오북 무료 사용

AI와 디자인 싱킹 가이드

허웅·이한진

대한민국, 서울, 커뮤니케이션북스, 2025

AI와 디자인 싱킹 가이드

지은이 허웅·이한진
펴낸이 박영률

초판 1쇄 펴낸날 2025년 11월 28일

커뮤니케이션북스(주)
출판 등록 2007년 8월 17일 제313-2007-000166호
02880 서울시 성북구 성북로 5-11
전화(02) 7474 001, 팩스(02) 736 5047
commbooks@commbooks.com
www.commbooks.com

ISBN 979-11-430-1514-3 03500

책값은 뒤표지에 표시되어 있습니다.

차례

창의와 기술의 교차점에서

복잡한 문제, 새로운 해법의 필요성

우리는 과거의 성공 방식이 더는 통하지 않는 시대에 살고 있다. 문제의 경계가 모호하고 해결 과정에서 상황이 끊임없이 변하는 지금, 단계별 해결 방식은 분명한 한계를 보여 준다. 기술과 시장 변화 속도가 빨라지면서 기존의 느린 의사 결정으로는 이런 변화의 속도를 따라갈 수 없다. 여러 영역에 걸쳐 나타나는 현대 문제는 분절된 전문가 지식만으로는 해결책을 찾을 수 있을 것이다. 또한 실시간으로 변하는 사용자 기대를 충족시키는 것도 쉬운 일이 아니다. 많은 조직은 혁신이 절실히 필요하다고 느끼지만, 정작 구체적인 실행 방향을 설정하는 데 어려움을 겪고 있다.

기술 발전 방향이 사용자의 니즈와 일치하지 않는 것도 심각한 문제 중 하나다. 첨단 기술을 동원해 만든 제품이라도 사용자의 상황과 감정적 욕구를 고려하지 못하면 시장에서 외면받게 된다. 이런 상황이 벌어지는 이유는 개발자와 기획자가 기술 구현 그 자체에만 몰두한

나머지, 사용자가 실제 생활에서 겪는 불편함과 근본적인 욕구를 충분히 파악하지 못하기 때문이다. 그 결과 '기술적으로는 뛰어나지만 사용자가 원하지 않는' 제품이 계속해서 나온다. 이러한 현상은 자원을 낭비하게 될 뿐만 아니라, 조직 전체의 혁신에 대한 의지와 추진력까지 약화시키는 결과로 이어진다.

인간과 AI의 창의적 융합

이러한 난제에 대해서 '디자인 싱킹(Design Thinking)'은 실용적인 대안을 제시한다. 스탠퍼드 디스쿨(Stanford d.school)에서 체계화한 이 방법론은 정의하기 어려운 복잡한 문제를 인간 중심의 관점에서 창의적으로 해결하는 데 초점을 맞춘다. 공감-문제 정의-아이디어 도출-프로토타입 제작-테스트로 이어지는 5단계 과정은 사용자의 표면적 요구 아래 숨어 있는 본질적 니즈를 발견하고 이를 실행 가능한 해법으로 연결한다. 처음에는 제품 개선에서 활용되었지만, 이제는 서비스, 비즈니스, 조직, 정책 등 다양한 분야로 영역이 확장되고 있다.

디자인 싱킹은 "풀어야 할 문제를 정확히 찾고, 그 문제를 창의적으로 해결한다"는 원칙에서 출발한다. 기술 구현의 가능성보다 사용자의 니즈를 우선하며, 처음부터 완벽한 계획을 세우기보다 작고 빠른 실험을 반복하면서 점진적으로 개선해 나가는 과정에 집중한다. 게다가 소수 전문가 역량에 의존하기보다 다양한 배경의 구성원이 협력하며 집단 지성을 발휘할 때 더 나은 결과에 이를 수 있다고 생각한다. 이를 통해 기존의 관습과 고정관념에서 벗어나 문제를 새롭게 정의하고 창의적으로 해결의 실마리를 찾는다.

하지만 디자인 싱킹 방법론을 실제 현장에 적용할 때, 몇 가지 현실적 한계에 직면하게 된다. 데이터 분석, 원인 진단, 아이디어 평가와 우선순위 설정 같은 작업은 시간이 많이 소요되고 전문 인력을 요구한다. 특히 방대한 정성적/정량적 데이터를 종합하여 의미 있는 패턴을 찾거나, 복잡하게 얽힌 문제의 근본 원인을 파악하는 일은 여전히 어려운 과제로 남아 있다.

이러한 한계는 디자인 싱킹과 AI와의 결합으로 해결할 수 있다. 디자인 싱킹이 인간 중심의 방향성을 제시했다면 AI는 그 혁신 여정을 더 빠르고 정교하게 추진될 수 있도록 지원한다. 최근 챗GPT(ChatGPT), 제미나이(Gemini)와 같은 생성형 AI의 등장은 막대한 자본과 전문 인력 없이도 누구나 데이터를 분석하고 콘텐츠를 생성할 수 있는 시대를 열었다. 아울러 반복적인 업무를 자동화하여 중요한 과제에 집중할 수 있게 하고, 디자인 싱킹의 각 단계에서 인간의 창의적 아이디어 생성을 돕고, 전략적인 판단을 할 수 있게 데이터를 통한 근거를 제시한다.

AI의 추론과 패턴 인식 능력을 활용하면, 그동안 미처 발견하지 못한 새로운 관점이나 데이터 속 숨겨진 연결고리를 찾아낼 수 있다. 인터뷰 기록을 심층적으로 분석하거나, 다양한 속성을 지닌 페르소나를 개발하거나, 아이디어를 자동으로 생성하고 분류하는 과정을 훨씬 효율적으로 수행할 수 있다. 또한 프로토타입을 신속하게 개발하고 테스트 결과를 다각도로 해석하여 개선 방향을 도출하는 것도 간편해지고 빨라졌다.

특히 일반 사용자도 복잡한 기술을 배우지 않고도 직관적 방식으로 전문가 수준의 결과를 빠르게 만들어 낼 수 있다는 점이 주목할 만하다. 디자인 싱킹의 공감 단계에서 "30대 1인 가구 직장인 여성을 위한 아침 식사 구독 서비스와 관련해 인터뷰할 때 생각해 볼 점 10가지를 상황 예시와 함께 알려 주세요"라는 간단한 질문만으로도 인터뷰 지침과 유의 사항을 즉시 확인할 수 있다. 수집된 사용자 의견을 AI 도구에 입력하고 "이 인터뷰 녹취록에서 언급된 불편함과 그 이면에 숨은 욕구를 분석해 키워드와 함께 요약해 주세요"라는 질문을 던지는 것만으로, 과거 숙련된 전문가만이 찾아낼 수 있었던 깊이 있는 인사이트를 발견할 수 있다. 이처럼 AI 도구의 사용 편의성과 접근성이 향상되면서 디자인 싱킹의 진입 장벽을 낮추고 경험의 품질이 향상되어 혁신의 범위가 확장되는 결과로 이어지고 있다.

AI를 활용한 혁신의 속도

AI와 디자인 싱킹의 결합은 문제 해결에 대한 접근 방식 또한 근본적으로 바꾸고 있다. 인간 고유의 공감 능력, 상황과 맥락에 대한 이해, 창의적 상상력에 AI의 데이터 기반 분석력과 논리적 추론 능력이 더해져, 상호 보완적인 시너지를 창출할 수 있다. 공감 단계에서는 사용자의 행동 데이터나 소셜 미디어 반응을 분석하여 사람의 직관만으로는 찾기 힘든 숨은 사용자 유형이나 미세한 감정 변화를 포착한다. 문제 정의 단계에서는 복잡하게 얽힌 문제 상황을 여러 각도에서 깊이 분석하여 흩어진 정보 속에서 문제의 원인을 구체화한다. 아이디어 도출 단계에서는 다양한 요소의 조합과 변주를 통해 고정관념을 깨는 창의적 사고의 촉매 역할을 한다. 프로토타입 제작 단계에서는 자동 생성 기능으로 다양한 시안을 빠르게 구현할 수 있고, 테스트 단계에서는 사용자 반응을 실시간으로 분석하고 결과를 다각도로 해석하여 개선 사항을 도출할 수 있다.

더불어 과거에는 불가능했던 '초개인화(Hyper Personalization)'가 이제는 가능해졌다. 수많은 사용자를 대상으로 하면서도 각 개인의 고유한 요구에 맞는 맞춤형 경험을 제공할 수 있게 된 것이다. 전통적으로 디자인 싱킹은 소수의 특정 사용자 집단을 대상으로 깊이 있는 질적 탐구에 강점을 보였다. 하지만 AI 기술과 만나면서 사용자를 대상으로도 개개인에 대해서도 깊이 있게 이해할 수 있고, 이를 바탕으로 최적화된 맞춤형 경험을 제공할 수 있는 새로운 길을 열어주었다.

이러한 결합은 혁신의 속도를 더욱 빠르게 하여 더 많은 실험과 학습을 가능하게 한다. 실패의 비용과 위험이 줄면 조직은 더 과감하게 가설을 수립하고, 이를 빠르게 검증하여 성공 가능성을 높일 수 있다. 특히 자원과 인력이 제한적인 스타트업이나 중소기업에는 이런 환경 변화를 중요한 성장과 혁신의 기회로 활용할 수 있다.

물론 이러한 변화에 맞춰 조직 구성원도 새로운 역량을 학습하고 갖추어야 한다. 특히, AI 시대의 혁신 리더는 기술 전문성과 인간에 대한 공감 능력을 균형 있게 갖춰야 한다. 분석하는 힘(머리), 공감하는 힘(가슴), 실행하는 힘(손)에 균형과 조화가 요구된다. AI를 창의적 협력의 파트너로 활용하면서 인간 중심의 가치를 지키고, 데이터에 근거한 판단과 인간의 직관 사이에서 중용을 지키는 융합적 사고가 리더의 필수 역량이 되고 있다.

궁극적으로 이러한 접근을 일회성 성과에 한정하지 않고 조직 안에 지속가능한 혁신 문화로 정착시킬 수 있도록 해야 한다. 성공과 실패의 경험을 데이터로 축적하고, 그로부터 얻은 교훈과 지식을 다음 도전에 활용함으로써 '학습하는 조직'을 구성하고 발전시켜 나갈 수 있다.

이 책의 여정

이 책은 AI와 디자인 싱킹의 결합을 통해 복잡한 문제를 해결하고자 하는 혁신가를 위한 실용적인 안내서다. 비즈니스 리더부터 실무자에 이르기까지, 혁신을 고민하는 모든 이가 이론적 지식을 실제 결과물로 연결하도록 돕는 것을 목표로 한다. 각 장은 독립적인 지침서 역할을 하면서도, 전체가 유기적으로 연결되어 독자의 혁신 역량을 종합적으로 강화할 수 있도록 구성되었다.

1장 생각의 새 지도: 모든 위대한 여정은 한 장의 지도에서 시작한다. 이 장에서는 스탠퍼드 디스쿨(d.school)의 디자인 싱킹 5단계 모델이라는 검증된 프레임워크 위에, AI 기술이 각 단계의 효율성과 깊이를 어떻게 향상시키는지 사례와 함께 소개한다. 이를 통해 독자는 전체 혁신 과정을 조율하는 전략가로서의 관점을 갖게 될 것이다.

2장 사용자 마음의 창: 당신의 고객은 정말로 무엇을 원하는가? 사용자의 말과 행동, 생각과 감정 너머를 탐색하는 엠파시 매핑(Empathy Mapping)과 페르소나(Persona) 기법을 소개한다. AI의 감성 분석과 행동 패턴 추적 기술을 결합하여, 표면에 나타나지 않는 고객의 니즈를 이해하고 이를 구체적인 사용자 이미지로 구성하여 혁신의 방향을 결정하는 근거로 활용하는 방법을 배울 수 있다.

3장 문제를 보는 렌즈: 어떤 문제를 푸느냐가 혁신의 성패를 가른다. 이 장에서는 사용자가 해결하려는 '일(JTBD)'을 파악하고, 경험 과정의 페인포인트를 분석한 후, '사용자-니즈-통찰'로 구성된 관점(POV, Point of View), 문장을 통해 문제를 명확히 정의하는 방법을 다룬다. AI 도구를 활용한 데이터 분석으로 다양한 시각의 관점을 도출하고, 이를 바탕으로 실행 가능한 해결 방향을 설정하는 능력을 갖출 수 있다.

4장 아이디어 합창단: HMW(How Might We) 질문으로 문제를 기회로 전환한 후, SCAMPER와 TRIZ 방법론을 통해 창의적으로 아이디어를 개발하는 과정을 설명한다. 복잡함에서 단순함으로, 모순을 해결하는 혁신 과정을 AI와 결합해 아이디어 도출의 폭과 범위를 확장하는 방법을 소개한다.

5장 신속한 실험의 미학: "빠르게 실패하고, 계속 반복하라"라는 지침이 AI 시대에 어떻게 구현되는지 보여 준다. AI 기술을 활용하여 아이디어를 현실로 만드는 프로토타입 개발의 비용과 시간을 줄이는 방법을 소개한다. 이를 통해 실패의 부담을 최소화하고 더 과감하게 가설을 검증할 수 있어 혁신의 속도를 높일 수 있다.

6장 사용자와의 깊은 대화: 프로토타입이 완성되면 실제 사용자와의 만남을 통해 검증하는 테스트 단계를 소개한다. 사용자의 행동과 반응을 현실 속 맥락과 상황에서 관찰하고, 말과 행동 사이의 간극을 읽어내는 방법을 다룰 것이다. AI 도구를 활용하여 테스트 계획 수립에서 결과 분석까지 효율적으로 수행하면서, 반복 실험을 통해 패턴을 분석하고 학습 결과를 축적하는 방법을 알아본다.

7장 맞춤형 경험의 설계: 사용자에 만족을 넘어 감동 경험을 설계하는 방법을 다룬다. 카노(Kano) 모델의 5가지 품질 차원(기본-성능-매력-무관심-역 품질)을 통해 사용자 요구를 분류하고, 'What Wows?' 프레임워크의 4단계 과정으로 감동 경험을 설계하는 방법을 소개한다. AI 도구를 활용해 사용자의 미세한 감정 변화를 분석하고, 기대를 뛰어넘는 요소를 발굴하여 지속가능한 경쟁우위를 만드는 전략을 살펴본다.

8장 서비스 여정 지도: 고객 여정 분석만으로는 보이지 않는 균열을 파악하는 서비스 블루프린트(Service Blueprint) 방법을 다룬다. 가시성의 선과 주문 침투선을 활용하여 고객 접점과 내부 운영의 연결 구조를 시각화한다. 여기에 AI 도구를 활용하면 복잡한 다자간 서비스에서 단절 지점을 확인하고, 이를 개선할 기회를 찾을 수 있다.

9장 혁신의 건축가: AI 시대 리더에게 요구되는 새로운 역할을 알아본다. '머리-가슴-손' 프레임워크를 통해 전략적 사고, 공감적 소통, 실행력의 균형을 이루는 리더십 모델을 제시한다. 심리적 안전감과 백캐스팅 기법을 활용하여 혁신 문화를 어떻게 구축하면 좋을지를 소개하며 AI 도구를 활용해 조직의 미세한 신호를 실시간으로 감지하고 데이터 기반 의사 결정을 내리는 리더십 실천법을 알아본다.

10장 지속가능한 혁신 설계: 일회성 성공을 넘어, 조직의 문화로 혁신의 흐름을 구축하는 법을 다룬다. 양손잡이 조직, 전략적 정렬, 생태계적 사고, 경계의 개방성이라는 설계 원리를 제시하고, 아마존의 'Day 1(데이 원) 철학'과 '역방향 설계(Working Backwards)' 방법론을 통해 실제로 구현하는 과정을 소개한다. AI 도구를 활용하여 혁신 신호를 조기에 포착하고 조직의 혁신 시스템을 개선하는 방법을 제안하면서 이 책의 여정을 마무리한다.

새로운 가능성을 향한 제언

AI와 디자인 싱킹의 만남은 우리가 혁신을 구상하고 실현하는 방식과 속도를 근본적으로 바꾸고 있다. 이제 혁신의 한계는 비용과 자원에 있지 않고 창의력과 상상력의 부족에서 비롯된다. 개인 창업가에서 전통 기업에 이르기까지, 누구나 이 강력한 조합을 통해 새로운 가치를 만들어 낼 수 있다. 이는 '혁신의 대중화'를 앞당기고, 여러 산업에서 새로운 경쟁 구도를 형성하고 시장 질서를 재편하는 데 기여할 것이다.

이제 이 글을 읽는 당신이 직접 이 변화를 이끌고 새로운 가치를 창출할 차례다. 완벽한 계획을 준비하며 시간을 허비하기보다 작은 문제에서 시작해 실험하며 점진적으로 개선해 나가야 한다. 여기에 사용자의 말에 귀 기울이고 그들의 입장에서 생각하는 자세를 잃지 않는 것도 중요하다. 더불어 다양한 AI 기술을 문제 해결의 동반자로 삼아 세상을 변화시키는 실질적인 성과를 만들어 가길 기원한다. 아무리 복잡하고 어려운 문제라도 사람 중심의 접근법과 AI 기술의 결합은 과거에는 상상할 수 없었던 새로운 가능성을 열어 줄 것이다. 당신의 혁신의 여정에서 이 책이 길잡이가 되어 당신의 아이디어가 세상에서 가치 있는 변화로 이어질 수 있기를 바란다.

01
생각의 새 지도

혁신을 시도할 때 대부분 성과를 내지 못하고 실패한다. 그 이유는 문제를 제대로 이해하기보다 해결책부터 만들기 때문인데, 특히 기술적 가능성에만 집중하면 사용자의 어려움과 맥락을 놓친다. 이때 디자인 싱킹은 이런 한계를 해결하는 데 도움을 준다. 디자인 싱킹을 활용하면 공감, 문제 정의, 아이디어 도출, 프로토타입 제작, 테스트의 과정을 거쳐 아이디어가 실제로 작동하는지를 검증하고 개선할 수 있다.

기후 위기와 인공지능?

좌표 없는 항해

지난 2년 동안 개발한 모바일 앱이 있다고 생각해 보자. 시장 조사와 사용자 인터뷰는 이미 진행되었고, 기술적 구현에도 큰 어려움은 없었다. 모두가 이번에는 사용자가 원하는 것을 만들었다고 확신했다. 출시 첫째 달에는 초기 반응이 나쁘지 않았고 다운로드는 완만히 늘었다. 그런데 둘째 달부터 일일 활성 사용자가 정체되더니 감소하기 시작했고, 셋째 달에는 이탈률이 급격히 높아졌다. 6개월 뒤에는 서비스 종료가 공지되었고, 개발비와 마케팅 비용은 물론 쏟아부은 노력도 회수되지 않았다.

혁신을 추진하는 개발 현장에서는 "기능도 좋고 디자인도 괜찮은데 사용자가 오지 않는다"는 하소연을 반복하는 경우가 많이 있다. 이 같은 상황의 주요 원인은 바로 '솔루션 중심 사고'다. 사용자가 겪는 문제를 충분히 이해하기보다 이미 가진 기술과 내부 역량을 해법으로 앞세우면 사용자가 외면하는 결과를 반복하게 된다.

회의실에서 "고객은 이것을 원할 것이다"라는 가정만 세우고, 사용자를 만나 관찰하기보다 보고서와 통계 자료, 경쟁사 분석에만 의존하면 사용자의 실제 욕구와 불편을 놓칠 수 있다. 그 결과 제품은 기능만 늘어나고 정작 사용자는 외면한다. 문제를 풀려면 접근 방식을 바꿔야 한다. 이때 바로 디자인 싱킹을 활용할 수 있다.

혁신을 여는 다섯 개의 좌표

디자인 싱킹은 IDEO의 팀 브라운(Tim Brown)이 비즈니스 접근법으로 체계화하고, 스탠퍼드 디스쿨이 교육 프로그램으로 발전시킨 혁신 방법론이다. 이 방법론은 사용자가 삶에서 무엇을 원하는지를 직접 관찰하고 이해하는 인간 중심의 디자인 철학을 토대로 한다. 제품의 제작부터 판매와 지원에 이르는 전 과정에서 사용자의 선호와 불편을 살펴 혁신의 기회를 찾을 수 있다. 또한 사용자의 필요, 기술적 실현 가능성, 실행 가능한 사업 전략을 연결해 고객 가치와 시장 기회로 이어갈 수 있다(Brown, 2008).

디자인 싱킹은 공감, 문제 정의, 아이디어 도출, 프로토타입 제작, 테스트의 다섯 단계로 전개된다. 이 과정은 사용자 문제의 발견에서 해결책 검증까지 이어갈 수 있도록 구성되어 있다. 각 단계는 독립적이면서도 상호 연결되어 있어 필요하면 앞 단계로 돌아갈 수 있다. 솔루션 중심 사고는 '기업이 만들고 싶은 것'에서 출발하지만, 디자인 싱킹은 '사용자가 실제로 필요로 하는 것'에서 시작한다는 점에서 근본적인 차이가 있다(IDEO, 2025).

공감 단계에서 흔히 하는 실수는 설문조사 몇 개로 사용자를 충분히 이해했다고 생각하는 것이다. 실제로는 더 깊은 공감 과정을 거쳐 사용자의 필요와 어려움을 세밀하게 파악해야 한다. 이는 사용자의 말과 실제 행동 사이에 차이가 존재하기 때문이다. 행동경제학 연구에서도 응답 의도와 실제 행동이 크게 다르다는 결과가 종종 확인된다(Viglia, G., et al., 2024). 가령, 운동을 하겠다고 응답해도 실제로 꾸준히 운동하는 비율은 높지 않고, 친환경 소비를 중시한다고 답해도 실제 구매 단계에서는 잘 보이지 않는다. 따라서 관찰과 대화를 통해 사용자를 직접 이해하는 과정을 거쳐야 한다. 무엇을 원하는지뿐만 아니라 당시의 감정과 상황까지 살펴야 공감이 형성된다. 이렇게 형성된 공감은 그다음 단계인 문제 정의로 이어질 수 있다.

다음 문제 정의 단계는 공감에서 얻은 정보를 정리해 명확한 문제로 전환하는 과정이다. 이 단계를 소홀히 하면 프로젝트는 쉽게 방향을 잃을 수 있다. 문제 정의에는 '누가, 언제, 무엇을'이 반영되어야 한다. "25~35세 직장인이 점심시간 1시간 안에 건강하면서도 간편한 식사 옵션을 찾기 어렵다"는 진술은 이러한 요건을 충족할 수 있다. 동시에 구체성과 추상성의 균형도 고려해야 한다.

지나치게 구체적이면 해법이 제한될 수 있고, 지나치게 추상적이면 출발점이 모호해진다. 방향을 제시하면서도 새로운 해법을 탐색할 여지를 열어두어야 한다. 이렇게 정리된 문제 정의를 바탕으로 아이디어 도출 단계로 나아갈 수 있다.

한편 아이디어 도출 단계에서는 판단을 뒤로 미루고 가능한 모든 해결책을 탐색한다. "실현 불가능하다", "예산이 부족하다", "시간이 없다"와 같은 제약 조건은 일시적으로 배제한다. 브레인스토밍, 마인드맵, 스케치 등 다양한 도구를 활용해 아이디어를 넓혀 갈 수 있다. 오늘날 성공한 서비스 가운데 상당수는 처음에는 비현실적으로 보이는 발상에서 시작했다. 이런 아이디어가 실험과 반복을 거치며 차별화의 기회를 만들고, 시장을 움직이는 혁신으로 발전하기도 한다. 이때 중요한 것은 질보다 양에 집중해야 한다는 것이다. 가능한 많은 아이디어를 쌓아가는 과정에서 예상치 못한 연결과 새로운 해결책을 발견할 수 있다. 아이디어가 충분히 쌓이면 이를 프로토타입으로 만들어 실험하는 단계로 넘어간다.

프로토타입 제작 단계는 아이디어를 실제로 구현한다. 주요 기능만 담은 최소한의 형태로 종이, 와이어프레임, 간단한 앱 등 어떤 방식이든 활용할 수 있다. 이 단계의 목적은 완성품 제작이 아니라 학습에 있다. 완벽을 추구하기보다 며칠 만에 초기 버전을 만들어 반응을 확인하는 과정에서 더 많은 통찰을 얻을 수 있다. 이렇게 제작된 프로토타입은 실제 사용자와의 만남을 통해 검증 단계로 이어진다.

마지막 테스트 단계에서는 아이디어가 현실에서 작동하는지 확인한다. 프로토타입을 실제 사용자에게 제시해 가설이 타당한지, 어떤 부분을 개선해야 할지를 검증한다. 이 과정에서 사용자가 "너무 쉽네요!"라고 말하면서도 실제로는 계속 헤매는 상황을 마주할 수 있다. 이 차이를 실제 사용 과정에서 검증하며, 언어보다 행동 관찰에 무게를 둔다. 겉으로는 긍정적으로 표현하더라도 실제로는 어려움을 겪을 수 있기 때문이다. 테스트는 검증을 넘어 예상치 못한 반응과 사용 방식에서 새로운 해법의 단서를 제공한다. 이렇게 얻은 인사이트는 다시 공감 단계로 이어져 학습의 순환을 완성한다.

디자인 싱킹의 5단계는 일직선으로 흐르는 것이 아니라 필요에 따라 유연하게 순환한다. 테스트 결과에 따라 다시 공감 단계로 돌아가기도 하고, 여러 개의 프로토타입을 동시에 제작하기도 한다. 실제 프로젝트에서는 이런 순환이 한 번으로 끝나지 않고 자주 반복된다. 각 단계에서 얻은 새로운 정보가 이전 단계의 가정을 다시 점검하게 하며, 그때마다 방향을 조정할 수 있다.

작은 실험이 바꾼 항로

2009년, 에어비앤비(Airbnb)는 주간 매출이 200달러에 머물며 성장이 멈춘 상태였다. 투자자의 관심도 얻지 못하는 위기 속에서, 창업자가 뉴욕에서 진행한 현장 실험이 전환점이 되었다(First Round Review, 2017). 이런 상황에서 브라이언 체스키(Brian Chesky)와 조 게비아(Joe Gebbia)는 사무실을 떠나 사용자를 직접 만나기로 했다. 뉴욕으로 가서 숙소 제공자와 게스트를 인터뷰하고, 서비스 이용 과정을 세밀하게 관찰했다. 이 과정에서 데이터 분석으로는 보이지 않던 문제가 확인되었다. 숙소 사진의 낮은 품질이 사용자 경험을 크게 저해했다. 호스트가 스마트폰으로 촬영한 사진은 흐릿한 이미지, 어두운 조명, 서투른 구도로 품질이 낮았다. 실제 공간은 매력적이었지만, 온라인에서는 전혀 다르게 보였다.

그들은 관찰과 인터뷰를 통해 문제를 새롭게 정의했다. 사용자가 숙소를 신뢰하지 못하고 예약으로 이어지지 않는 이유는 품질이 낮은 사진 때문이었고 첫인상을 좌우하는 시각적 요소를 개선해야 했다. 이후 아이디어 도출 과정에서는 호스트 교육, 사진 촬영 가이드 제공 등 여러 해결책이 논의되었다. 그러나 최종적으로는 전문 사진가가 직접 숙소를 방문해 촬영을 진행하는 서비스가 가장 효과적인 대안으로 선택되었다. 가이드를 제공해 간접적으로 돕는 것보다 문제를 직접 해결하는 방식이 더 실질적인 결과를 가져올 것이라고 판단했다.

그들은 이를 검증하기 위해 뉴욕 일부 숙소에 무료 전문 사진 촬영 서비스를 시범적으로 도입했다. 프리랜서 사진가를 고용하고 촬영 가이드라인을 마련해 곧바로 실행에 착수했다. 그 결과, 전문 사진으로 교체된 숙소의 주간 매출은 200달러에서 400달러로 두 배가 되었고, 이용자의 예약 방식에도 변화가 나타났다. 사진이 개선된 숙소는 더 빨리 예약이 이뤄지고 취소율도 낮아졌다. 이 경험을 바탕으로 전문 사진 촬영 서비스는 전 세계로 확대되었고, 오늘날까지 에어비앤비의 차별화 요소 가운데 하나로 자리 잡고 있다(Broadribb, 2024).

에어비앤비 사례는 디자인 싱킹의 효과를 보여주지만, 동시에 한계도 드러낸다. 고객을 직접 만나고 관찰하는 과정은 시간이 오래 걸리고 대상도 제한적이다. 이런 한계를 보완하는 방식 가운데 하나로 최근에는 AI 도구가 활용되고 있다. AI 도구는 방대한 데이터를 단시간에 분석해 사용자의 요구를 빠르게 파악하거나, 실제 이용 행태를 정량적으로 비교해 반복되는 패턴을 발견하는 데 쓰인다. 이런 접근은 사람이 직접 현장에서 관찰하는 과정을 완전히 대체하지는 못하지만, 놓치기 쉬운 단서를 보완해 의사 결정을 뒷받침하는 역할을 한다.

데이터와 직관의 교차점

AI는 디자인 싱킹의 각 단계에서 인간이 쉽게 처리하기 어려운 대량 정보를 분석하고 숨겨진 패턴을 찾아낸다. 생성형 AI는 이 분석을 바탕으로 창의적 아이디어를 도출하고, 실제로 작동하는 프로토타입을 제작하는 과정까지 지원할 수 있다.

챗GPT와 제미나이 같은 대규모 언어 모델 서비스를 통해 방대한 텍스트 데이터를 분석할 수 있다. 더불어 사용자의 감정 패턴과 의미 구조를 추출하며, 인간이 놓치기 쉬운 미묘한 감정 변화와 언어적 뉘앙스까지 포착하기도 한다. 게다가 AI를 활용하면 소셜 미디어 감성을 해석하고, 인터뷰 녹취록을 텍스트로 변환해 고객에 대한 인사이트를 얻을 수 있다. 가령, 모바일 앱 리뷰 수천 건을 살펴보면 사용자가 어떤 상황에서 불편함을 느끼는지 파악하고, 그 감정의 강도와 빈도를 정량적으로 측정할 수 있다. 이러한 분석 결과를 시각화하여 패턴과 트렌드를 명확히 보여 주며, 이후 의사 결정과 전략 수립에 활용된다.

아울러 흩어진 정보 사이의 연결점을 찾아낼 수 있다. 다양한 리서치 자료와 데이터를 종합하면 인간이 발견하기 어려운 연관성을 찾아내고, 해결 가능한 형태로 문제를 정의할 수 있다. 복잡한 데이터 관계를 분석하면 문제의 근본 원인을 규명할 수 있다. 예를 들어, 고객 이탈 데이터와 제품 사용 패턴, 고객 서비스 문의 내용을 종합 분석하면 표면적으로는 나타나지 않지만 비즈니스에 영향을 미치는 이슈 사항을 식별할 수 있다. 이러한 분석은 문제 해결의 우선순위를 정하고, 실행 기준을 마련하는 데 쓰일 수 있다.

아이디어 도출 단계에서는 챗GPT와 제미나이를 활용하면 쉽게 아이디어를 도출하고 구체화할 수 있다. 서로 다른 영역의 개념을 결합하고 주어진 제약과 목표 안에서 지속적으로 아이디어를 생성하며, 기존 가정을 재검토하거나 다른 산업 관점을 도입해 새로운 해결책을 찾아낼 수 있다. 미드저니(Midjourney)는 추상적 텍스트 설명을 구체적이고 생생한 시각적 콘셉트로 구현하고, 커서(Cursor) 같은 바이브 코딩 도구는 개발자의 의도를 반영해 기능 코드를 자동 생성하며, 프로그램 구조에 맞는 코드를 제안할 수 있다(Shay, J., et al., 2025). 피그마(Figma)의 AI 기능을 활용하면 다양한 레이아웃 초안을 순간적으로 만들고 디자인 원칙에 맞는 개선안을 추천하며, 비개발자도 복잡한 코딩 지식 없이 기능적 프로토타입을 제작할 수 있다. 이처럼 아이디어 검증 주기가 기존 주 단위에서 일 단위로 단축되면서, 더 많은 아이디어를 빠르게 테스트하고 개선할 수 있다.

테스트 단계에서는 실시간 사용자 행동을 추적하고, A/B 테스트와 사용자 피드백을 해석해 우선순위를 매길 수 있다. 방대한 테스트 데이터 속에서 통계적으로 유의미한 신호를 신속하게 찾아내고, 사용자 경험에 중요한 영향을 미치는 요소를 도출한다. 또한 기존의 정성적 피드백과 정량적 데이터를 결합하여 실행 가능한 인사이트를 제공할 수 있다.

새로운 혁신의 지도

디자인 싱킹과 AI의 융합은 혁신 과정을 새로운 방향으로 이끌고 있다. 관찰과 경험에 주로 의존하던 기존 방식은 이제 데이터 기반의 구조화된 접근으로 확장되고 있다. 그 결과 과거에는 수주일이 걸리던 사용자 리서치가 며칠 안에 가능해지고, 여러 가설을 동시에 검증할 수 있으며, 프로토타입 제작 속도도 크게 향상되고 있다. 그러나 이러한 변화가 실제 성과로 이어지려면 세 가지 요소가 충족되어야 한다. 첫째, 사용자 데이터를 안정적으로 수집하고 관리할 체계, 둘째, 데이터를 해석할 수 있는 분석 역량, 셋째, 아이디어를 실행 가능한 솔루션으로 전환하는 조직 능력이다. 도구를 도입하는 것만으로는 충분하지 않으며, 이를 뒷받침하는 사고방식과 조직문화까지 함께 바뀌어야 한다.

AI가 아무리 발전해도 변하지 않는 영역이 있다. 사용자를 직접 만나 이야기를 듣는 일은 혁신의 출발점이 된다. 데이터와 알고리즘은 이해를 넓히는 도구일 뿐, 사람과의 접촉을 대신하지 못한다. 기술이 고도화되더라도 혁신은 공감에서 시작해야 하고, 이를 통해 얻은 통찰은 실제 전략과 설계에 반영해야 한다. 공감을 구체화하는 과정에서 엠파시 매핑과 페르소나 같은 방법론을 활용할 수 있다.

[실전 AI 툴키트] 제미나이

구글 제미나이(https://gemini.google.com/)는 텍스트, 코드, 이미지, 동영상 등 여러 형태의 자료를 이해하고 아이디어나 시각화 결과물을 생성할 수 있는 멀티모달 AI 도구다. 이를 활용하면 데이터 속에서 연관성을 찾아내고, 제품 설계 초안을 만들거나 콘텐츠 제작 과정에서 여러 시안을 제시할 수 있다.

주요 기능

- 심층 분석 및 지식 탐색: 사용자가 제공한 문서와 여러 출처의 데이터를 깊이 살펴본 뒤, 그 안에서 주제와 맥락에 맞는 지식을 찾아낸다.
- 아이디어 도출 및 구체화: 여러 관점에서 새로운 아이디어를 도출하고, 이를 실제 활용 가능한 콘셉트와 시안으로 발전시킨다.
- 사용자 시나리오 구성 : 사용자 요구를 반영해 문서 초안을 작성하고, 이어서 복잡한 시나리오와 절차를 단계별로 정리할 수 있다.
- 이미지 및 코드 생성: 아이디어를 기반으로 화면 설계나 UI/UX 콘셉트를 구체화하고, 초기 코드 구조를 함께 만든다.
- 데이터 분석 : 여러 출처에서 모은 데이터를 분석해 사용자 행동 패턴이나 페인포인트를 확인하고, 이를 분석하여 요약된 결과로 정리한다.

사용 방법

해결할 문제나 목표를 정한 뒤, 프롬프트를 구체적으로 입력한다. 사용자 자료, 시장 데이터, 인터뷰 기록 등을 제공하고 분석, 아이디어 생성, 초안 작성 같은 작업을 요청한다. 제시한 아이디어와 시각적 콘셉트를 검토해, 제품 설계 방향을 정하거나 전략 의사 결정에 반영한다.

활용 팁

조사 자료를 정리할 때는 노트북LM(NotebookLM)으로 주요 내용을 추려 문제 정의에 활용한다. 아이디어를 발전시킬 때는 제미나이에서 프롬프트를 입력해 이미지를 만들거나 플로(Flow)로 시각적 콘셉트를 동영상으로 구현해 아이디어를 구체화한다. 이렇게 얻은 결과물은 스티치(Stitch)에 가져와 UI/UX 초안으로 시각화할 수 있다. 검증 단계에서는 구글 워크스페이스(Google Workspace)로 피드백을 모아 협업 결과를 정리한다.

참고문헌

Broadribb, E.(2024.3.6). Beating the Odds with Design Thinking: The Airbnb Story. Medium. https://medium.com/@elliebroadribb/how-airbnb-used-design-thinking-to-beat-the-odds-58d6ddc8741a

Brown, T.(2008.6). Design thinking. Harvard Business Review. https://hbr.org/2008/06/design-thinking

First Round Review(2017.1.9). How Design Thinking Transformed Airbnb from a Failing Startup to a Billion Dollar Business. https://review.firstround.com/how-design-thinking-transformed-airbnb-from-failing-startup-to-billion-dollar-business/

IDEO(2025.6.20). The Intersection of Design Thinking and AI: Enhancing Innovation. www.ideou.com/blogs/inspiration/ai-and-design-thinking

Shay, J., et al.(2025.8.7). How Ambitious Entrepreneurs Can Use AI to Scale Their Startups. Harvard Business Review. https://hbr.org/2025/08/how-ambitious-entrepreneurs-can-use-ai-to-scale-their-startups

Viglia, G., et al.(2024). If you want to learn about real behaviour, measure real behaviour. *Journal of Sustainable Tourism, 32*(11), pp. 2245~2257. https://doi.org/10.1080/09669582.2024.2392837

02
사용자 마음의 창

사용자가 말하는 것과 실제 행동 사이에는 종종 차이가 있다. 이 때문에 사용자의 내면을 이해하는 일은 쉽지 않다. 엠파시 매핑은 이러한 차이를 외부에서 관찰한 모습과 내부에서 추론한 생각으로 정리해, 사용자가 어떤 맥락에서 무엇을 필요로 하는지 파악하도록 돕는다. 이를 토대로 페르소나를 만들면 사용자 모습을 구체적으로 떠올릴 수 있다.

노래하는 AI 보컬?

말과 행동의 간극

사용자 인터뷰에서 얻은 긍정적 반응이 실제 사용 데이터와 일치하지 않는 경우가 있다. "이 기능 정말 유용해요. 자주 쓸 것 같아요"라는 반응이 나오더라도 데이터를 보면 기대와 달리 활용 빈도가 낮게 나타나기도 한다. 이는 설문조사나 인터뷰만으로는 사용자의 실제 마음과 행동을 파악하는 데 한계가 있기 때문이다. 이런 한계로 인해 기획자가 이해한 니즈와 실제 사용자의 욕구 사이에는 간극이 발생할 수 있다. 이러한 간극을 줄이려면 사용자의 구체적인 행동과 그 배경 맥락을 함께 분석해야 한다.

사용자의 실제 행동은 중요한 단서를 제공하지만, 개별 정보만으로는 사용자 경험 전체를 설명하기 어렵다. 따라서 행동을 관찰하는 것과 동시에 그 배경에 있는 생각과 감정을 함께 추론하는 과정이 요구된다. 엠파시 매핑은 이러한 관찰과 추론을 하나의 틀 안에 정리해 사용자의 경험을 입체적으로 이해하도록 돕는다. 페르소나 개발은 이렇게 정리된 정보를 활용해 공통된 사용자 이미지를 구체화하는 과정으로, 동일한 관점에서 사용자 경험을 논의하고 의사 결정을 내릴 수 있게 해 준다. 두 도구를 함께 활용하면 추상적인 대상이 아닌 구체적인 사용자의 관점에서 경험을 설계할 수 있다.

관찰에서 해석으로

엠파시 매핑을 활용하면 사용자가 무엇을 보고 듣고 말하고 행동하는지 등 외부에서 관찰한 정보와, 그로부터 추론한 생각과 감정, 그리고 불편과 이점 같은 내면의 상태를 분석하고, 그 둘 사이의 간극에서 사용자의 니즈를 구체화할 수 있다(Gray, D., et al., 2010). 먼저 외부 관찰 영역에서는 사용자가 무엇을 보고(Sees), 듣고(Hears), 말하고(Says), 실제로 하는지(Does)를 기록한다. 그런 뒤 내부 추론 영역에서 사용자가 무엇을 생각하고(Thinks), 어떻게 느끼는지(Feels)를 정리하고, 불편(Pains)과 이점(Gains)을 함께 작성한다.

이렇게 정리하면 말과 행동, 생각과 감정 사이의 차이를 구체적으로 파악할 수 있다. 긍정적으로 평가했지만 거의 쓰지 않는 기능, 자주 이용하지만 사용이 불편한 기능, 언급은 적지만 사용 빈도가 높은 기능 등을 발견할 수 있다. 관찰이나 추론 영역 중 특정 요소가 비어 있다면, 그 부분은 아직 이해가 부족한 영역이므로 추가 인터뷰나 사용자 테스트를 통해 보완할 수 있다.

엠파시 매핑은 완성된 해답이 아니라 더 깊은 분석을

위한 출발점이다. 관찰과 추론에서 얻은 정보는 이를 어떻게 해석하고 정리하느냐에 따라 사용자 경험을 이해하는 수준이 달라질 수 있다. 이때 페르소나는 그 정보를 바탕으로 구체적인 사용자 이미지를 만드는 과정에 활용될 수 있다.

페르소나는 사용자 데이터를 바탕으로 구성한 가상의 인물이다. 이를 활용하면 여러 이해관계자가 동일한 사용자 이미지를 공유하며 제품을 설계하고 운영할 수 있다(Herskovitz & Crystal, 2010). 마케팅 부서가 가정하는 고객과 개발 부서가 전제로 삼는 사용자가 다르면 제품의 방향성이 흔들릴 수 있다. 페르소나는 이러한 관점의 차이를 줄여 제품에 대한 논의를 한 방향으로 모으는 역할을 한다.

페르소나 방법론의 원칙은 '한 사람을 위한 설계(Design for just one person)'다(Cooper, 2004). 모든 사용자를 동시에 만족시키려 하면, 정작 핵심적인 요구사항조차 충족시키지 못하는 경우가 발생할 수 있다. 반대로 대표적인 한 사람을 기준으로 설계하면, 비슷한 필요를 가진 더 많은 사용자에게도 만족스러운 경험을 제공할 수 있다. 이를 위해 설정된 페르소나는 실제 사용자와 동일할 필요는 없지만, 같은 조건에서 비슷한 행동 패턴을 보이도록 구성해야 한다.

페르소나 방법론을 적용할 때에는 몇 가지 유의해야 할 사항이 있다. 첫째로 구체적이어야 한다. 추상적인 '30대 직장인' 같은 표현이 아니라 상황과 배경을 알 수 있는 인물이어야 한다. 둘째, 일관성이 있어야 한다. 성격과 행동이 앞뒤가 맞지 않으면 가상의 인물로서 설득력이 떨어지고, 같은 상황에서 다른 반응을 보이면 의사결정에 참고하기 어렵다. 다음으로 공감할 수 있어야 한다. 인물의 고민과 행동을 떠올릴 수 있을 때, 회의나 토론에서 '이 인물이라면 어떻게 할까?'라는 질문에 자연스럽게 행동을 떠 올릴 수 있다. 예를 들어 '복잡한 기능 때문에 스트레스를 받는 민주(32세, 마케팅팀 과장)'라는 페르소나는 구체적이고, 특정 상황에서 일관된 행동을 보이며, 누구나 공감할 수 있는 기준으로 활용할 수 있다.

공감에서 시작된 변화

워비 파커(Warby Parker) 사례는 공감이 비즈니스 성과로 이어지는 방식을 잘 보여 준다. 2010년 당시 미국 안경 시장은 사실상 룩소티카(Luxottica)가 지배하고 있었다. 룩소티카는 샤넬, 프라다, 레이밴 등 수십 개 브랜드의 사용권을 보유했을 뿐 아니라, 제조에서 유통까지 직접 운영했다. 소비자는 다양한 브랜드 중에서 고르는 것처럼 보였지만, 실제로는 모두 같은 회사 제품에 한정돼 있었다. 평균 가격은 500달러를 넘어섰고, 다른 선택지를 찾기도 쉽지 않았다(CBS News, 2017).

이런 시장 환경은 소비자가 새로운 구매 방식을 시도하는 것을 주저하게 만들었다. 고객은 "온라인 쇼핑도 괜찮다"(Says)고 말했지만, 실제로는 여전히 매장을 찾아가서만 안경을 샀다(Does). 머릿속에서는 직접 착용해야만 확신할 수 있다고 여겼다(Thinks). 그래서 새 안경을 고르는 설렘 속에도 불안과 두려움, 매장을 오가는 번거로움이 함께 겹쳐 있었다(Feels).

워비 파커가 주목한 것은 이 '불안'이었다. 그들은 고객이 안심할 수 있는 경험을 제공하고자 했다. 이러한 목표를 구현한 것이 홈 트라이온(Home Try-on) 서비스다. 고객이 온라인에서 다섯 개의 안경테를 선택하면 집으로 배송받아 며칠 동안 직접 착용해 볼 수 있었다. 체험의 기회가 열리자 온라인 구매에 대한 불안은 크게 줄었다. 서비스를 시작한 지 이틀 만에 준비된 재고가 모두 소진됐고, 첫해 판매량은 2만 개를 넘어섰다. 이어 3년 차에는 25만 개, 5년 차에는 100만 개를 돌파하며, 온라인을 통한 안경 구매가 일상적인 선택으로 자리 잡았다

(윤신원, 2019).

이와 같은 성장은 매출 증가에서 멈추지 않고 채널 전략 확장으로 이어졌다. 워비 파커는 온라인에서 출발했지만, 남아 있는 불안을 해소하기 위해 오프라인 매장을 열었다. 매장은 판매 공간을 넘어, 온라인 탐색과 오프라인 체험을 연결하는 역할을 했다. 고객은 온라인에서 제품을 비교한 뒤 필요하면 매장에서 직접 착용해 보고 결정할 수 있었으며, 두 채널을 오가며 자신에게 맞는 방식으로 구매할 수 있었다.

이 전략은 탐색, 체험, 재구매가 자연스럽게 이어지는 옴니채널 경험으로 발전했다. 공감에서 출발한 접근은 고객의 다각적인 요구를 반영하며 브랜드 신뢰의 기반을 마련했다. 그 결과 워비 파커는 안경 업계의 관행을 바꾸고, 독자적인 입지를 굳힐 수 있었다.

보이지 않던 목소리

AI는 사용자를 이해하는 방식에 새로운 가능성을 제시하고 있다. 전통적인 엠파시 매핑은 표본이 적고 시간이 오래 걸리는 한계가 있었다. AI를 활용하면 이러한 한계를 보완하여 수천 건의 리뷰와 피드백을 동시에 분석함으로써, 범위를 확장하고 기간을 단축할 수 있다. 이런 변화는 엠파시 매핑의 접근 방식이 진화하도록 이끌고 있다. 이어서 AI를 엠파시 매핑에 적용하는 과정을 네 단계로 정리해 본다.

첫 단계는 데이터 수집과 전처리로, 고객 리뷰, 서비스 문의, 소셜 미디어 언급, 사용자 인터뷰 녹취록 등 다양한 텍스트 자료를 모으는 과정이다. 이 단계에서, 챗GPT나 제미나이 같은 AI 도구를 활용할 수 있다. 예를 들어 "고객 리뷰 500개를 분석해서 보기, 듣기, 말하기, 행동, 생각, 감정, 불편, 이점 영역으로 정리해 주세요"라고 입력한다. 그러면 AI는 "편리하다" 같은 표현을 말하기로 분류하고, "불안하다"는 생각으로 묶으며, "짜증난다"나 "기대된다" 같은 단어는 감정에 넣는다. "매번 확인한다"나 "결국 포기했다" 같은 사례는 행동으로, "설명이 복잡하다"는 불편으로, "자동 완성이 빨라 좋다"는 언급은 이점으로 정리한다.

두 번째 단계는 데이터 속 흐름을 해석하고, 그 이유를 설명할 가설을 세우는 과정이다. 가령 "편리하다"라는 긍정 표현과 "불안하다"라는 감정이 동시에 늘어난다면, AI에게 "왜 두 가지가 함께 나타나는지 설명해 주세요"라고 물어볼 수 있다. 그러면 AI는 결제 과정이 불명확하거나 제품 품질에 대한 의심이 커지고 있다는 점을 가설로 제안할 수 있다. 이렇게 제안된 가설은 문제의 원인을 단정하지는 않지만, 해결 방안을 탐색할 수 있는 방향성을 제공하기 때문에 이후 논의를 이어가는 출발점이 된다.

세 번째 단계는 앞에서 얻은 데이터를 바탕으로 페르소나를 개발하는 과정이다. 수집한 관찰 결과와 사용자의 내적 상태, 그리고 불편과 이점을 종합해 AI가 사용자 프로필을 만든다. 이때 "30대 직장인 여성을 페르소나로 설정하고, 온라인 쇼핑을 즐기지만 중요한 구매에서는 신중한 성향을 반영해 주세요"라고 프롬프트를 입력하면, 페르소나에 대한 스토리를 만들어 제안한다. 이렇게 생성된 프로필은 "김지현, 34세, 서울 강남구 거주, 마케팅 팀장, 평소 의류나 생활용품은 온라인으로 구매하지만 가전제품이나 가구처럼 큰 비용이 드는 물건은 매장에서 확인 후 구매한다"와 같이 맥락이 살아 있는 형태로 사용자에 대한 이미지를 제공한다. 캔바(Canva)의 엠파시 매핑과 페르소나 템플릿을 활용해 프로필을 정리하면, 사용자 특성을 명확하게 정리하고 개선 방향을 구체화 할 수 있다.

마지막 단계는 프로필을 구체적인 이미지로 표현하고 공유하는 과정이다. 텍스트로만 된 페르소나는 추상적으로 느껴질 수 있기 때문에, 미드저니나 캔바의 이미지 생성 기능을 활용해 페르소나의 외형과 분위기를 함께 구현할 수 있다. "서울에 거주하는 30대 여성"이라고만 설명하면 각자 다른 모습을 떠올리지만, 실제 이미지로 옮기면 동일한 인물을 기준으로 생각할 수 있다. 이렇게 만들어진 이미지는 "이 기능이 지현 씨에게 정말 필요할까?"와 같이 더 구체적이고 현실적인 논의를 가능하게 한다.

복잡한 마음의 교차로

엠파시 매핑과 페르소나는 사용자 공감을 정리하는 도구다. 엠파시 매핑은 겉으로 표현되는 말과 행동뿐 아니라 그 뒤에 있는 생각과 감정을 함께 살펴, 사용자가 어떤 상황에서 불편이나 기대를 느끼는지 보여 준다. 페르소나는 이렇게 모인 정보를 한 사람의 이야기와 이미지로 묶어, 누구나 이해하기 쉬운 사용자 모습으로 바꾼다. 숫자로만 표현된 자료가 이름과 배경을 가진 인물로 전환되면, 사용자의 요구와 맥락을 더 분명하게 반영할 수 있다.

하지만 사용자의 마음을 이해했다고 해서 문제가 곧바로 해결되는 것은 아니다. 사용자의 요구를 파악하는 일과 그것을 해결 가능한 문제로 정리하는 일은 서로 다른 과제다. 공감 단계에서 얻은 관찰과 맥락은 단서로서 의미가 있지만, 그대로 두면 단편적인 사실에 머문다. 문제 정의 단계에서는 이 단서를 토대로 사용자가 실제로 달성하려는 '일(JTBD)'을 파악하고, 그 과정에서 확인할 수 있는 페인포인트(Pain Points)를 분석한다. 이렇게 도출된 결과를 POV(Point of View) 진술로 옮기면, 문제 정의가 막연한 주장에 그치지 않고 구체적인 과제로 이어진다.

[실전 AI 툴키트] 캔바

캔바(www.canva.com)는 간편하게 디자인 자료를 제작할 수 있게 도와주는 웹 기반 디자인 플랫폼이다. AI 기능을 활용하면 전문적인 디자인 지식이 없어도 고품질의 결과물을 만들 수 있다.

주요 기능

- 다양한 템플릿 제공: 프레젠테이션, 포스터, 소셜 미디어 콘텐츠 등 광범위한 분야의 디자인 템플릿을 제공하여 기획 및 시각화 작업을 지원한다.
- 이미지 생성: 텍스트 프롬프트를 입력하여 이미지를 생성하는 매직 미디어(Magic Media) 기능을 통해 페르

소나의 시각적 이미지나 스토리보드에 필요한 장면을 만들 수 있다.

- 비디오 제작: 프롬프트나 이미지를 업로드하면 동영상을 만들 수 있고, 매직 디자인 포 비디오(Magic Design for Video)의 여러 클립과 이미지를 활용하여 스토리를 제작하고 편집할 수 있다.
- 실시간 협업: 팀원과 실시간으로 디자인을 공유하고 함께 편집할 수 있어, 디자인 프로젝트 및 기획 단계의 협업 효율성을 높인다.

사용 방법

웹사이트나 모바일 앱에 접속하여 프로젝트 목적에 맞는 템플릿을 선택한다. 페르소나나 스토리보드 설명을 텍스트로 입력하거나, 매직 미디어 기능을 활용하여 이미지를 생성한다. 팀원과 디자인을 공유하고 실시간으로 피드백을 주고받으며 수정한다.

활용팁

스토리보드와 AI 이미지를 결합하여 페르소나가 겪는 상황과 감정 변화를 시각적으로 표현하면 사용자 입장을 명확히 이해할 수 있다. 자주 사용하는 이미지, 색상,

폰트 등을 캔바의 '브랜드 키트'에 저장해 두면 디자인의 일관성을 높이고 효율적으로 작업할 수 있다. 캔바 코드(Canva Code)를 활용하면, 코딩 없이 인터랙티브 맵, 미니 게임, 퀴즈 등 웹사이트, 프레젠테이션, 문서에 삽입 가능한 맞춤형 기능을 개발할 수 있다.

참고문헌

윤신원(2019.5.31). "세계에서 가장 혁신적인 기업 '와비파커'의 성공비결은". 아시아경제. https://www.asiae.co.kr/article/2019053016180823704

이지나 외(2025). "New PASONA 법칙을 활용한 페르소나 기반 푸드마케팅 사례연구". 《한국인터넷방송통신학회 논문지》, 25(1), 31~40쪽. https://doi.org/10.7236/JIIBC.2025.25.1.31

이한진·허웅(2025). 《AI 린 스타트업 가이드》. 커뮤니케이션북스.

CBS Mornings(2017.2.8). How Warby Parker Successfully Disrupted the Eyewear Monopoly. CBS News. https://www.cbsnews.com/news/warby-parker-cofounders-neil-blumenthal-dave-gilboa-affordable-eyewear-philanthropy/

Cooper, A.(2004). *The inmates are running the asylum: Why high tech products drive us crazy and how to restore the sanity.* Sams-Pearson Education.

Gray, D., et al.(2010). *Gamestorming: A playbook for innovators, rulebreakers, and changemakers.* O'Reilly Media.

Gray, D.(2017.7.16). Updated Empathy Map Canvas. Medium.

https://medium.com/@davegray/updated-empathy-map-canvas-46df22df3c8a

Herskovitz, S. & Crystal, M.(2010). The essential brand persona: storytelling and branding. *Journal of Business Strategy, 31*(3), pp.21~28. https://doi.org/10.1108/02756661011036673

03
문제를 보는 렌즈

혁신은 문제를 정확히 정의하는 데서 출발한다. 먼저 JTBD(Jobs To Be Done)를 활용하여 사용자의 니즈를 파악해야 한다. 동시에 페인 포인트 분석을 통해 사용자의 불편 사항을 확인한다. 이런 과정에서 얻은 통찰을 POV 문장으로 정리하면, 복잡한 문제가 명확하게 표현되어 공통된 문제의식을 공유할 수 있다.

인공지능과 편향?

보이지 않는 신호

사용자 조사에서 "검색 기능을 개선해 달라", "알림을 줄여달라", "화면을 깔끔하게 해 달라"는 요청이 나왔다. 각각 타당한 의견이지만 모두 반영하기엔 우선순위를 정하기 어렵다. 한정된 개발 일정 속에서 무엇부터 다루어야 할지 판단하기 어렵다. 더 중요한 것은 이 세 가지 요청이 서로 무관해 보이지만, 실제로는 하나의 근본 문제에서 나올 수 있다는 점이다. 모두 "원하는 정보를 빨리 찾지 못해서 답답하다"는 공통된 불편함의 다른 표현일 수 있다.

수집된 정보를 하나의 해결 가능한 문제로 만드는 방법이 있다. JTBD는 사용자가 근원적으로 달성하려는 목표를 찾아내는 방법이다. 페인 포인트 분석을 통해서는 그 목표를 방해하는 요소들을 구체적으로 정리할 수 있다. 마지막으로 POV 문장은 이 모든 분석을 하나의 명확한 문제 정의로 압축해 준다. 이런 과정을 거치면 여러 요청사항들이 실제로는 어떤 문제를 해결하라는 신호인지 파악할 수 있다.

렌즈를 통해 보는 문제

문제를 정의할 때 직감이나 과거 경험에만 의존하면 중

요한 부분을 간과할 위험이 있다. 매출이 떨어지면 "경쟁사 때문"이라고 생각하거나, 사용자 불만이 늘면 "직원 교육 부족" 탓으로 돌리는 식이다. 이런 접근법은 빠른 판단에는 도움이 되지만 한계가 뚜렷하다. 개인의 경험은 제한적이어서 문제의 전체 모습을 보기 어렵고, 익숙한 해결책만 의존하면 새로운 원인이나 방법을 모색하기 어렵다.

이런 함정을 피하려면 사용자의 실제 상황부터 들여다봐야 한다. 그들이 무엇 때문에 어려워하는지, 어떤 목적을 달성하려고 하는지 알아보는 것이 출발점이다. 하지만 막상 사용자를 관찰하려고 해도 어디서부터 시작해야 할지 막막할 수 있다. 먼저 사용자가 해결하고자 하는 '일'(Job To Be Done, JTBD)을 파악하고, 그 일을 수행할 때 겪는 구체적인 페인포인트(애로 사항)를 분석한다. 마지막으로 이 모든 정보를 특정 상황과 맥락을 담은 하나의 명확한 문제 정의(POV)로 압축해서 정리한다.

JTBD는 고객이 특정 상황에서 이루려는 '진전(progress)'에 초점을 둔다. 고객은 그 진전을 위해 제품이나 서비스를 '고용(hire)'하며, 혁신적인 제품이나 서비스가 성공하려면 사용자가 원하는 '일(job)'을 정확히 수행하도록 설계되어야 한다(Christensen, C. M., et al.,

2016). 소비자는 제품을 구매할 때 실제로 어떤 일을 해결하기 위해 그 제품을 '고용'한다. JTBD는 사용자의 특성보다 상황을 더 중요하게 생각하며, 같은 사람이라도 처한 상황에 따라 전혀 다른 선택을 한다는 점을 강조한다. 30대 직장 여성 고객이 아침에 테이크아웃 전문점에서 샐러드를 사는 것은 그녀의 연령이나 성별 때문이 아니라, 이동 중에 간편하게 건강한 아침을 챙기고 싶은 '상황'에서 발생한 것이다. 또한 같은 여성이 오후에 친구와 카페에서 디저트를 주문하는 것은 그녀의 개인적 취향 때문이 아니라, 여유로운 시간에 친구와 편안한 대화를 나누고 싶은 '상황' 때문이다.

이런 '일'은 사회적/감정적 차원을 함께 포함한다. 드릴을 구매하는 사람의 표면적 목적은 벽에 구멍을 뚫는 것이지만, 실제로는 DIY 프로젝트로 성취감을 느끼거나 능력 있는 사람으로 보이고 싶다는 더 깊은 동기가 작동할 수 있다. 기능적 필요뿐만 아니라 자존감이나 사회적 인정 같은 심리적 욕구도 동시에 해결하려는 것일 수 있다. 이렇게 복합적인 '일'의 성격을 이해했다면, 이제 그 일을 수행할 때 사용자가 겪는 구체적인 어려움도 살펴봐야 한다.

페인포인트는 사용자가 서비스를 이용하면서 겪는 불

편함이나 어려움을 가리킨다. 사용자의 전체 경험을 단계별로 나누어 살펴보면 각 단계에서 어떤 문제가 발생하는지 파악할 수 있다. 이렇게 발견한 문제들은 정보, 성과, 환대 세 가지로 나누어 정리하면 이해하기 쉽다. 정보 문제는 사용자가 '지금 무슨 일이 일어나고 있는지', '다음에 어디로 가야 하는지' 알지 못해 혼란을 겪을 경우에 해당한다. 성과 문제는 오랜 대기 시간이나 처리 지연 때문에 원하는 일을 제때 끝내기 어려울 때 발생한다. 환대 문제는 직원의 불친절한 응대나 불편한 시설 환경 때문에 사용자가 무시받는다고 느낄 때 나타난다 (Holz, H. F., et al., 2024).

매일 지하철로 출퇴근하는 직장인이 이동 시간을 활용해 새로운 프로그래밍 언어를 배우려고 하는 상황을 생각해 보자. 먼저 콘텐츠를 선택할 때 "25분 이동 시간에 딱 맞는 강의를 찾기 어렵다"는 정보 문제에 부딪힌다. 실제 학습을 시작하면 "지하철 소음 때문에 강의에 집중하기 힘들다"는 성과 문제가 뒤따른다. 학습 앱에 오류가 생겨 문의하려 해도 "고객센터 연결이 어렵고 답변이 늦다"는 환대 문제까지 겪게 된다. 이처럼 하나의 '일'을 수행하는 과정에서도 여러 페인포인트가 동시에 발생할 수 있다. 각 페인포인트는 발생 빈도와 불편 강도를 기준으로 우선순위를 정하며, 일반적으로 두 기준이 모두 높은 문제부터 해결하는 방안을 고려할 수 있다.

이렇게 사용자의 '일'과 페인포인트를 파악했다면, 이제 이를 종합해서 명확한 문제 정의를 만들어야 한다. 사용자의 니즈와 어려움을 바탕으로 POV 문장을 작성하는 단계다. POV는 사용자, 니즈, 통찰 세 요소를 결합해서 해결하려는 문제를 구체적으로 정리한 문장이다 (Stanford University, Hasso Plattner Institute of Design, 2010).

POV 작성에서 가장 먼저 할 일은 사용자를 구체적으로 정의하는 것이다. "직장인" 대신 "3년차 회사원으로 매일 2시간씩 출퇴근하는 30대 남성"처럼 구체적 상황을 담는 것이 좋다. 니즈 부분에서는 추상적인 욕구보다 실제 행동으로 표현한다. "학습하고 싶다" 대신 "이동 중에도 새로운 지식을 습득하고 업무 실력을 향상시키고 싶다"처럼 맥락을 담아 표현한다. 통찰 부분에서는 페인포인트 분석에서 발견한 인사이트를 활용할 수 있다. "시간이 부족해서"처럼 표면적인 이유에 머무르지 않고, 기존 해결책이 놓친 부분이나 사용자의 의외로운 행동 패턴을 찾아낸다. 이 세 요소를 하나로 연결하면 실제 해결 가능한 문제 정의가 완성된다. 가령 "매일 지하철로 출퇴근하는 3년차 직장인은 이동 중에도 학습할 방법을 원한다. 왜냐하면 기존 온라인 강의는 조용한 환경에서만 집중할 수 있고, 책은 흔들리는 지하철에서 읽기 어렵기 때문이다"처럼 구체적인 문제 정의를 도출할 수 있다.

일상에서 발견한 단서

문제를 정확히 정의하는 것이 얼마나 중요한지 마켓컬리 사례를 통해 살펴보자. 2015년 창업 당시 한국의 유기농 식품 시장은 가격이 높고 접근성이 떨어졌다. 이 때문에 소비자는 유기농 식품 구매를 포기하거나 꼭 필요한 상황에서만 이용할 수밖에 없었다.

이러한 불편은 특히 맞벌이 부부나 바쁜 직장인에게 더욱 두드러졌다. 야근이 잦은 직장 생활에서는 마트 운영 시간에 맞춰 장을 보기 어려웠고, 주말에 미리 사둔 채소와 과일은 일주일 뒤에는 신선하지 않았다. 마켓컬리는 이 지점에서 새로운 기회를 발견했다.

마켓컬리 고객이 해결하려는 '일'을 들여다보면 특정 패턴을 볼 수 있었다. 표면적으로는 식재료 구매였지만, 그 이면에는 더 깊은 욕구가 동기로 작용했다. 새벽에 도착한 신선한 재료로 아침 식사를 준비하는 것은 가족을 챙기는 방식이었다. 바쁜 일상 속에서도 건강한 식단을 유지하는 것은 좋은 부모, 좋은 배우자 역할을 하는 것이었다. "아이가 일어나기 전에 신선한 재료가 도착해 있으면 하루가 든든하다"는 고객의 말에서 편의성뿐만 아니라 서비스가 제공하는 정서적 만족감을 확인할 수 있다(양현우, 2025).

이런 욕구를 충족하는 과정에는 장애물이 있었다. 유기농 제품은 날씨나 계절 요인에 따라 수확량이 크게 달라지므로, 언제든 공급이 불안정해질 수 있다. 기존 유통 구조에서는 이러한 불확실성을 공급 업체가 감수해야 했고, 재고 부족은 소비자 불만으로 재고 과잉은 금전적 손실로 이어졌다. 이 모든 위험이 가격에 전가되면서, 유기농 제품은 늘 프리미엄이 붙을 수밖에 없었다.

온라인 쇼핑몰도 마찬가지였다. 당시에는 새벽 배송이 불가능했기 때문에 직장인이 신선한 식재료를 편리하게 구매할 방법은 제한적일 수 밖에 없었다. 매장에 직접 가려면 시간을 내야 했는데, 야근이 잦은 직장인에게는 쉽지 않은 일이었다(Kim, D., et al., 2019).

마켓컬리는 이런 상황을 종합해 문제를 명확히 파악했다. 바쁜 도시 직장인에게는 "퇴근 후에도 다음날 아침 신선한 식재료를 확보할 수 있는 방법"이 필요했다. 장애물은 배송 속도가 아니라, 기존 유통 구조가 만들어

낸 가격 장벽과 시간 제약이었다. 이를 극복하려면 유통 구조 자체를 다르게 설계해야 한다고 판단했다.

그래서 마켓컬리가 선택한 방향은 기존 유통 방식과 차별화된 접근이었다. 공급 업체와 직접 거래해 재고 위험을 분산하고 중간 마진을 줄였다. 대량 구매로 확보한 가격 경쟁력을 소비자에게 전달했다. 밤 11시까지 주문받아 새벽 7시에 배송하는 시스템으로 시간적 한계를 극복했다. 70가지 기준으로 제품을 선별하고 신선도 관리 기술을 도입해 품질에 대한 신뢰를 확보했다(김민상, 2022).

마켓컬리 사례는 문제를 정확히 정의해야 해법도 올바르게 설계된다는 점을 보여 준다. 고객의 핵심 과제는 신선 식품을 빠르게 받는 것이 아니라, 가격과 시간 제약 속에서도 가족과 건강을 챙길 방법을 찾는 일이었다. 이를 파악했기에 마켓컬리는 유통 구조를 새롭게 설계하고 차별화된 경쟁력을 확보할 수 있었다.

데이터 속의 새로운 실마리

고객 인터뷰와 리뷰 데이터를 통해 문제의 본질을 정의하는 것은 결코 단순한 과제가 아니다. 고객은 자신의 불편을 구체적으로 설명하지 못한 채 “불편하다”, “마음에

안 든다"는 식으로 표현하기 때문이다. 이런 짧은 표현 뒤에는 상황에 따라 다른 맥락과 원인이 섞여 있어, 겉으로 표현된 언급만으로는 문제를 명확하게 파악하기 어렵다. 따라서 실제로 어떤 문제가 있는지 파악하기 위해서는 더 깊이 있는 분석이 요구된다..

챗GPT나 제미나이에 고객 인터뷰 내용을 입력하면 막연한 대답을 다양한 각도에서 재구성하여 정리할 수 있다. "고객이 실제로 해결하려는 일을 상황별로 분류해 주세요. 각 상황에 맞는 문제를 정리해 주세요"라고 요청한다고 해 보자. 이런 과정을 거치면 추상적인 표현이 구체적인 문제 진술로 바뀌어, 어떤 상황에서 어떤 문제가 생기는지 더 분명하게 확인할 수 있다. 따라서 같은 제품을 구매하더라도 고객이 처한 맥락에 따라 서로 다른 문제가 나타난다는 점을 파악할 수 있다.

온라인 리뷰 데이터를 분석할 때도 같은 방식을 적용할 수 있다. 먼저 "고객 불만을 정보 접근, 성과 달성, 서비스 경험 관점에서 분류해 주세요"라고 요청하면, 흩어진 의견을 각 관점에 따라 묶을 수 있으며 해결해야 할 문제의 방향성을 이해할 수 있다. 이어 "각 관점에서 고객이 겪는 문제를 정리해 주세요"라고 하면, 반복적으로 나타나는 불편이 어떤 유형으로 나뉘는지 확인할 수 있다. 이 과정을 거치면 어느 단계에서 어려움이 집중되는지가 보이고, 문제의 우선순위도 자연스럽게 파악할 수 있다(이한진 외, 2024).

POV 문장을 만들 때, AI를 활용하면 문제 정의 과정을 더 명확하게 정리할 수 있다. 사용자 리서치 결과를 입력하고 "사용자, 니즈, 통찰을 포함한 문제 정의 문장을 작성해 주세요"라고 요청하면 된다. 이때 "서로 다른 세 가지 관점을 제시해 주세요"라고 추가하면, 같은 데이터를 기반으로 여러 형태의 문제 정의 안을 얻을 수 있다. 이 과정을 통해 한쪽 시각에 치우치지 않고 다양한 상황을 고려한 균형 잡힌 POV를 도출할 수 있다.

AI 도구를 활용하는 것은 분석 속도를 높이는 데서 그치지 않는다. 고객의 피드백을 여러 관점으로 재분류하고 해석해 문제 정의의 폭을 넓히는 데 기여한다. 이 과정에서 미로(Miro) 같은 시각화 도구와 노션(Notion) 같은 협업 문서 도구를 함께 쓰면 분석의 시너지를 높일 수 있다. 미로에서는 자유로운 비주얼 캔버스를 활용해 아이디어를 발산하고 관계를 시각적으로 정리할 수 있고, 노션에서는 그 결과를 문서, 데이터베이스, 태스크 구조로 정리해 유지하고 확장할 수 있다. JTBD, 페인포인트 분석, 문제 정의 문장(POV) 등 다양한 프레임워크로 데이터를 재구성하면 서로 다른 시각을 비교하고 통합할 수 있다. 이렇게 정리된 결과는 이후 의사 결정 과정에서도 공동의 기준으로 활용된다.

문제와 해결 사이의 숨겨진 연결점

사용자의 문제를 명확히 정의하는 과정은 제품 개발 방향, 마케팅 전략, 그리고 궁극적으로는 비즈니스 성과에 결정적인 영향을 미친다. 사용자의 동기를 지속적으로 파악하고, 페인포인트 분석으로 어려움을 찾아낸 후, POV 문장으로 문제를 명확히 정의해야 한다. 진짜 문제는 고객이 겉으로 언급된 요구 사항과 실제 해결하려는 '일' 사이의 간극에 있다. 이 간극을 제대로 이해해야 고객이 실제로 사용하고 지속적으로 구매할 제품을 만드는 기반이 된다.

하지만 문제 정의는 그 자체만으로 완성되지 않는다. 정의된 문제가 해결 방안과 연결되지 않는다면, 그 분석은 실행으로 이어지지 못한다. 문제의 본질을 파악했다면, 다음 단계는 그 문제를 창의적으로 해결하기 위한 실행 방안을 도출해야 한다. HMW 질문이나 SCAMPER, TRIZ 기법을 활용하면 문제 해결을 위한 새로운 시각과 혁신적인 아이디어를 얻을 수 있다.

[실전 AI 툴키트] 미로

미로(https://miro.com/)는 실시간 협업을 지원하는 온라인 화이트보드 플랫폼으로, AI를 활용해 디자인 싱킹과 프로젝트 관리를 지원한다.

주요 기능

- 인텔리전트 캔버스(Intelligent Canvas): 혁신 과정에서 사용자 의견, 팀 아이디어, 인터뷰 내용을 정리하고 구조화 및 질문 생성 등을 통해 아이디어 확장에 도움을 준다.
- 마인드맵 생성기: 자유롭게 입력한 텍스트(사용자 피드백, 문제 사례 등)로부터 자동으로 마인드맵을 그려, 복잡한 문제 상황도 이해하기 쉽게 구조화할 수 있다.
- 스마트 템플릿 및 클러스터링: 브레인스토밍이나 설문, 회의 기록을 그룹화해 주요 주제와 반복되는 패턴, 문제점을 빠르게 파악할 수 있다.
- 협업 분석 및 자동화: 여러 팀원이 남긴 다양한 생각과 정보를 요약하고 정리하여, 모두가 같은 시각에서 문제를 바라볼 수 있도록 돕는다.
- 미로버스(Miroverse) 템플릿: 디자인 싱킹에 특화된 다양한 템플릿을 활용하거나 제작해, 팀 전체가 쉽게 공

유하고 적용할 수 있다.

사용 방법

미로 웹사이트나 앱에서 보드를 만들고, 프로젝트 목표에 맞게 사용자 인터뷰, 피드백, 그리고 아이디어를 포스트잇 등으로 정리한다. 마인드맵 생성기와 클러스터링 기능을 사용해 문제와 관련된 데이터를 구조화하고, POV 문장을 생성하여 문제 정의 초안을 마련한다. 협업 분석 기능을 켜면 팀원이 남긴 다양한 의견이 자동으로 정리되고, 모두가 문제를 쉽게 파악할 수 있다.

활용 팁

클러스터링과 스마트 템플릿을 활용하면 많은 아이디어와 피드백을 빠르게 정리하고 우선순위를 세울 수 있다. POV 문장을 통해 팀이 한눈에 문제의 본질에 접근할 수 있어 문제 정의 워크숍에서 유용하게 활용된다. 피그마, 구글 워크스페이스 등 다른 도구와 연동해, 데이터와 아이디어를 한 곳에서 손쉽게 관리할 수 있다.

참고문헌

김민상(2022.3.11). “마켓컬리 “AI로 신선식품 폐기율, 7년째 1%

미만"". 중앙일보.
https://www.joongang.co.kr/article/25054742

양현우(2025.2.20). "[기업 톺아보기] '유통 혁명' 컬리… 협력사와 동반성장으로 에비타 흑자 눈앞". 오피니언뉴스.
https://www.opinionnews.co.kr/news/articleView.html?idxno=113046

이한진 외(2024). "구매후기 토픽모델링 분석 기반 고객경험 증진 제안 연구". 《융복합지식학회논문지》, 12(1), 77~88쪽.
https://doi.org/10.22716/sckt.2024.12.1.008

Christensen, C. M., et al.(2016.9). Know your customers' "Jobs to Be Done". Harvard Business Review.
https://hbr.org/2016/09/know-your-customers-jobs-to-be-done

Holz, H. F., et al.(2024). Eliminating customer experience pain points in complex customer journeys through smart service solutions. *Psychology & Marketing, 41*(3), pp.592~609.
https://doi.org/10.1002/mar.21938

Kim, D., et al.(2019.12). Before Sunrise: Fresh Grocery Food Delivered by Market Kurly. 《경영정보논총》, 29(2), pp.49~61. https://s-space.snu.ac.kr/handle/10371/173943

Stanford University Hasso Plattner Institute of Design(2010). An introduction to design thinking process guide. d.school.
https://web.stanford.edu/~mshanks/MichaelShanks/files/509554.pdf

04
아이디어 합창단

아이디어 발상 과정은 종종 영감을 기다리거나 브레인스토밍에만 의존하는 경향을 보인다. 이런 접근은 관점을 제한하여 탐색의 범위를 좁히고, 혁신적인 돌파구를 찾는 데 한계로 작용할 수 있다. HMW 질문은 문제 정의의 범위를 확장하며 SCAMPER는 치환과 결합을 통해 기존 아이디어를 새롭게 변형하는 데 활용된다. TRIZ는 기술적 모순 해결 원리로 해법을 제시한다.

청각장애인과 AI?

영감을 주는 전주곡

브레인스토밍을 여러 번 해도 실제로 실행 가능한 아이디어를 도출하기란 결코 쉽지 않다. 같은 회사, 같은 전공 출신이 모이면 의견은 대체로 "안전한 선택이 좋겠다"는 쪽으로 모아진다. 처음 나온 의견에 "그것도 괜찮네요"라며 동조하다 보면 방향이 쉽게 굳어진다. 문제를 정확히 찾아 "고객이 배송비 때문에 불만이다"라고 말해도, "그럼 어떻게 해결하지?"에서 진전되지 못하는 경우가 많다. 이는 늘 같은 방식으로만 사고하는 데 익숙해져 있기 때문이다.

아이디어가 막힐 때는 같은 방법을 반복하기보다 문제를 다른 각도에서 바라보고, 접근 방식을 달리해야 한다. HMW(How Might We)는 "배송비를 줄이려면?"이 아니라 "어떻게 하면 고객이 배송비 부담 없이 쇼핑할 수 있을까?"로 질문을 전환한다. SCAMPER는 "무료 배송을 다른 방식으로 바꿀 수 없을까?", "포인트 적립과 결합하면 어떨까?"처럼 기존 아이디어를 변형하는 질문을 던진다. TRIZ는 "비용은 줄이면서 서비스는 늘려야 한다"는 모순 속에서 해법을 도출한다. 같은 배송비 문제라도 이 세 가지 방법을 적용하면 서로 다른 해결 방안에 도달할 수 있다.

문제 해결을 위한 화음

문제 정의 단계에서 작성한 POV 문장은 사용자의 니즈와 상황을 정리하지만, 구체적인 해결 방향까지 제시하지는 않는다. 따라서 진단을 마쳤다면 HMW 질문으로 구체화해야 한다. POV가 '누가, 무엇을, 왜'의 진단이라면, HMW는 이를 '어디를 누구와 무엇부터 어떻게 바꿀 것인가'라는 실행 명제로 전환한다. 가령, "젊은 직장인이 점심시간에 건강한 음식을 찾기 어려워한다"는 POV는 "어떻게 하면 바쁜 직장인이 점심시간에 간편하게 건강한 음식을 선택할 수 있을까?"라는 HMW 질문으로 바뀐다.

여기서 HMW의 특징은 "Might"라는 단어의 역할에서 비롯된다. 판단을 잠시 유보하고 더 자유롭게 선택지를 탐색할 수 있게 해 주기 때문이다. 반면 "Can"이나 "Should"는 실현 가능성이나 당위성에 얽매여 생각을 제한한다. "Might"는 아이디어가 작동할 수도, 그렇지 않을 수도 있다는 심리적 여유를 준다. 이런 여유가 있으면 더 과감한 아이디어가 나오고, 분석에서 아이디어 생성 단계로 자연스럽게 이어질 수 있다(Berger, 2012).

HMW는 하나의 문제를 여러 각도에서 탐색하도록 유도한다. 점심 문제를 두고도 "짧은 시간에 건강한 음식을 고르게 하려면?", "식단 선택을 더 편하게 만들려면?", "바쁜 일정 중에도 영양 관리를 지속하려면?"처럼 각기 다른 질문을 만들 수 있다. 질문이 달라지면 문제의 초점도 달라지고, 그만큼 해결책 탐색의 폭도 넓어진다. 실제 워크숍에서는 이렇게 도출된 질문 가운데 참가자가 가장 활발하게 반응하는 것을 선택해 브레인스토밍을 진행한다. 활발한 반응이 나올수록 아이디어의 수와 질이 모두 높아져서 적합한 해결 방안을 도출할 가능성이 커진다.

다음으로 SCAMPER는 기존 아이디어를 일곱 가지 관점에서 변형해 해결책을 찾는 데 활용되는 방법론이다(Chulvi, V., et al., 2025). 각 관점에서 던지는 질문에 답을 모아 새로운 해결 방안을 도출하는, 7가지 질문은 다음과 같은 각각의 영어 알파벳 첫 글자를 포함한다. "무엇을 대체할 수 있을까(Substitute)?", "서로 다른 요소를 결합하면 어떤 가치가 생길까(Combine)?", "다른 분야의 아이디어를 응용할 수 있을까(Adapt)?", "주요 특징을 수정할 수 있을까(Modify)?", "다른 용도로 활용할 수 있을까(Put to other use)?", "불필요한 요소를 제거할 수 있을까(Eliminate)?", "관점을 뒤집어 재배치할 수 있을까(Rearrange/Reverse)?"와 같은 질문을 통해 기존 아이디어를 분해하고 다시 조합하면서 새로운 해법을 이끌어낸다.

SCAMPER는 하나의 문제에 여러 질문을 순차적으로 적용할 때 그 효용성이 높아진다. 초기 해법에서 출발해 점차 발전된 대안으로 확장되기 때문이다. 환경 규제로 플라스틱 빨대 사용이 제한된 상황을 보자. 처음에는 “플라스틱을 다른 재료로 대체할 수 있을까(Substitute)?”라는 질문을 통해 종이 빨대라는 아이디어가 나왔다. 이어 “디자인을 수정해 더 튼튼하게 만들 수 있을까(Modify)?”라는 시도로 품질이 개선되었고, “다른 용도로 활용할 수 있을까(Put to other use)?”라는 질문에서 재사용 가능한 빨대가 고안되었다. 이처럼 단계별로 다른 질문을 적용하면 하나의 문제에서도 여러 해결 방향을 찾을 수 있다.

마지막으로 TRIZ는 서로 충돌하는 요구 사항을 동시에 만족시키는 방법론이다. 겐리히 알트슐러(Genrich Altshuller)는 수천 건의 특허를 분석해 산업 전반에 걸쳐 반복되는 유사한 문제와 해결책이 존재함을 발견하고, 이를 누구나 학습하고 적용할 수 있는 해결 방식으로 발전시켰다. 이 방법론의 핵심 도구가 40가지 발명 원리다(Orloff, 2003). TRIZ는 분석 도구뿐만 아니라 제품 개발과 시스템 설계 전반을 지원하는 프레임워크로 확장되고 있다. DfX(Design for Excellence) 접근법과 결합해 초기 설계 단계에서 품질, 비용, 환경 영향을 동시에 고려하는 분석 도구로 활용된다. 기능적 요구와 제약 조건을 분석하고, 각 산업 분야에 맞는 발명 원리를 선택해 적용할 수 있다(Brad, 2021).

TRIZ의 대표적인 원리를 살펴보면 다음과 같다. '분할(Segmentation)'은 복잡한 시스템이나 제품을 부분으로 나누어 각각을 최적화하는 방식이다. 스마트폰을 화면, 배터리, 카메라 모듈로 나누어 각 부분을 독립적으로 개선하는 접근이 이런 원리를 보여 준다. '국부적 품질(Local Quality)'은 전체를 균일하게 만들지 않고 필요한 부분에만 특별한 속성이나 기능을 부여하는 원리다. 운동화 밑창에서 발가락 부분은 유연하게, 뒤꿈치는 단단하게 만드는 방식을 떠올려볼 수 있다. '자가 서비스(Self-Service)'는 시스템이 스스로 작업을 수행하거나 사용자가 직접 처리할 수 있도록 설계하는 방법이다. 자동차의 자동 주차 시스템이나 셀프 체크아웃 같은 사례가 이에 해당한다. 이런 원리는 문제를 구조적으로 재검토하고, 새로운 해결 방향을 모색할 수 있는 프레임워크로 활용할 수 있다.

HMW, SCAMPER, TRIZ 방법론은 각각 다른 차원에서 문제 해결에 기여한다. HMW는 막연한 문제를 실행 가능한 질문으로 바꿔 구체적인 해결 방향을 제시한다. SCAMPER는 기존 아이디어를 다양한 시각에서 변형해 새로운 가능성을 발견하게 한다. TRIZ는 기술적 모순이 발생했을 때 검증된 원리를 통해 해결의 실마리를 제공한다. 이처럼 문제 정의, 아이디어 발굴, 원리 적용이라는 서로 다른 단계를 담당하기 때문에 세 도구를 함께 활용하면 단일 접근법으로 발견하기 어려운 다각적인 해결 방안까지 탐색할 수 있다.

불협에서 환상의 선율로

2010년 초, 케빈 시스트롬(Kevin Systrom)과 마이크 크리거(Mike Krieger)가 개발한 '버븐(Burbn)'은 크게 주목을 받지 못했다. 체크인, 계획 공유, 포인트 적립, 사진 공유까지 한 앱에 담아 여러 기능을 포함했지만, 사용자가 오히려 복잡하다고 느꼈고 반응은 기대에 미치지 못했다(Lim, 2012). 시스트롬은 기능이 너무 많다는 문제를 인식했고, 사용 패턴을 분석한 결과 사용자의 관심을 받은 것은 사진 공유뿐이었다. 체크인과 계획 공유의 사용 빈도는 낮았고 포인트 적립도 거의 활용되지 않았다

(Gonzalez, 2016).

이러한 분석은 중요한 시사점을 제시했다. 모든 기능을 담으려 했던 기존 접근이 오히려 사용자에게 혼란을 주었다는 점이다. 이제 초점은 사용자가 원하는 가치가 무엇인지, 그리고 그 가치에 집중하려면 무엇을 해야 하는지로 옮겨졌다. 이런 고민은 자연스럽게 개발 철학의 변화를 이끌었다. "무엇을 더 넣을까"에서 "무엇을 과감히 뺄까"로 관점이 전환된 것이다. 그들은 서비스를 처음부터 다시 설계하기로 결심했다. 기능을 줄이면 서비스의 매력이 떨어질지 모른다는 걱정과 이미 만든 것을 버려야 한다는 부담이 있었지만 방향 전환에 대한 결정은 확고했다(Lim & Teoh, 2010).

방향이 정해지자 서비스 전반의 재구성이 시작됐다. 체크인, 계획 공유, 포인트 적립 같은 사진 공유 외 기능은 제거했다. 대신 사진 공유와 직접 연결되는 기능은 더 쓰기 편하게 다듬었다. 간단한 조작만으로 사진의 완성도를 높일 수 있도록 필터를 추가했고, 여러 기능을 한 화면에 얹던 인터페이스는 촬영-보정-공유의 명확한 흐름으로 재배열했다. 이런 변화로 사용성이 크게 개선되었다.

이 변화의 배경에는 해결해야 할 근본적인 모순이 있

었다. 그들이 직면한 것은 '기능의 풍부함'과 '사용의 간편함' 사이의 충돌이었다. 기능을 늘리면 사용성이 복잡해지고, 간소화하면 경험이 빈약해지는 딜레마 상황이었다. 두 창업자는 양쪽 모두를 만족시키려는 타협 대신 다른 해결책을 택했다. 전체 서비스를 기능별로 나누어 분석한 후, 필수가 아닌 기능은 과감하게 분리했다. 남은 사진 기능에 집중하여 품질을 대폭 향상시키고 핵심 기능의 경쟁력을 높였다. 여러 가지를 적당히 하는 대신 한 가지를 제대로 잘하는 길을 선택한 것이다.

2010년 10월 인스타그램이 출시되자 첫날에만 약 2만 5000명이 가입했고, 두 달 만에 100만 명을 넘어섰다. 2년 뒤 이 서비스는 페이스북에 10억 달러에 인수되며 글로벌 대표 소셜 미디어 플랫폼으로 성장했다(Frier, 2021). 그들의 성공은 처음부터 완벽한 제품을 내놓은 데 있지 않았다. 오히려 불완전한 프로토타입에서 불필요한 기능을 덜어내고 핵심 가치에 집중한 선택에서 비롯됐다. 사용자가 원하지 않는 것을 설득하려 하지 않고, 그들이 원하는 가치에 집중했다. 핵심에 집중하는 것이 사용자가 원하는 혁신이 될 수 있음을 보여 주었다.

아이디어의 흐름을 타고

아이디어 도출에서 HMW는 문제를 다각도로 탐색할 수 있는 질문을 만들어 내고, SCAMPER는 기존 아이디어를 여러 관점을 반영하여 생각의 폭을 넓혀주며, TRIZ는 모순 상황에서 해결의 실마리를 제시한다. 챗GPT, 제미나이 같은 AI 도구는 이 과정에서 짧은 시간에 다양한 아이디어를 제안하고, 기존에 떠올리지 못한 관점을 제공하는 데 활용할 수 있다. 한 번에 여러 질문을 만들어 내고, 특정 관점에서 구체적인 해법을 제시하며, 복잡한 발명 원리를 상황에 맞게 적용할 수도 있다. 이를 통해 제한된 시간 내에 보다 넓은 범위의 아이디어를 탐색할 수 있다.

POV는 문제 정의 단계에서 정리한 결과로, 아이디어 도출의 출발점이다. 가령 "바쁜 직장인이 점심시간에 건강한 식습관을 유지하기 어렵다"라는 문장을 챗GPT나 제미나이에 입력한다. 이어서 "이 문제를 바탕으로 '어떻게 하면 ~할 수 있을까?' 형식의 HMW 질문 10개를 제안해 주세요. 시간, 장소, 사람, 기술 등 다양한 관점에서 접근해 주세요"라고 요청할 수 있다. 그러면 "어떻게 하면 직장인이 짧은 시간에 건강한 음식을 고를 수 있을까?", "어떻게 하면 동료와 함께 건강한 식습관을 만들 수 있을까?" 같은 질문이 생성된다. 이렇게 나온 질문은 피그잼(FigJam) 같은 디지털 화이트보드에 정리해 주제별로 분류한 뒤, 집중할 방향 몇 개만 선택한다. 정리를 마치면 10개의 질문이 3~4개로 좁혀지면서, 각각이 어떤 아이디어 영역을 탐색할지 선명해진다.

이렇게 정리된 질문을 바탕으로 SCAMPER 기법을 활용하면 여러 각도에서 아이디어를 도출할 수 있다. "어떻게 하면 직장인이 짧은 시간에 건강한 음식을 선택할 수 있을까?"라는 HMW 질문에 결합(Combine) 관점을 적용할 수 있다. 기존 음식 주문 앱과 게이미피케이션 요소를 결합하면, 점심 메뉴를 고를 때마다 포인트를 얻어 건강한 선택을 더 재미있게 만들 수 있다. 이때 챗GPT나 제미나이에 "음식 주문 앱과 게이미피케이션 요소를 결합하여 직장인의 건강한 식단 선택을 돕는 아이디어 5개를 제안해 주세요. 각 아이디어는 기능과 사용자 경험을 함께 설명해 주세요"라고 요청하면 구체적인 아이디어를 얻을 수 있다.

결과로 얻을 수 있는 아이디어를 엑스마인드(XMind), 코글(Coggle) 같은 마인드맵 도구에 정리하면 아이디어의 전체 구조와 관계를 한눈에 볼 수 있다. 화면 중앙에 선택한 HMW 질문을 적고, 그 주변으로 SCAMPER의 일곱 관점을 나무 가지처럼 뻗어나가도록 배치한다. 각 가지에는 해당 관점에서 나온 아이디어를 하나씩 붙이고, 서로 연관성이 있어 보이는 아이디어를 선으로 이어준다. 이렇게 정리하면 어떤 관점에서 아이디어가 많이 나왔는지, 어떤 관점은 아직 빈 공간이 많은지 쉽게 파악할 수 있다. 또한 다른 가지에 있는 아이디어를 연결하면 예상하지 못했던 조합을 발견할 수 있다.

아이디어가 늘어나면 서로 충돌하거나 상충하는 부분도 같이 구체화 된다. 건강을 챙기면 맛이 줄고, 맛을 살리면 건강성이 떨어지는 상황이 전형적 사례다. 이런 경우 하나를 포기하기보다 TRIZ를 활용해 다른 해결책을 모색할 수 있다. 챗GPT나 제미나이에 "맛과 건강 사이의 모순을 해결할 수 있는 TRIZ 발명 원리와 실제 적용 사례를 제안해 달라"라고 요청하면, 국부적 품질(Local Quality) 원리를 적용해 음식 전체를 건강하게 만들지 않고 일부에만 영양 성분을 강화하면서 나머지는 맛을 유지하는 방안을 확인할 수 있다. 더 구체적인 탐색이 필요할 경우에는 TRIZ40.com의 모순 매트릭스를 활용할 수 있다. 이 도구에 개선하고 싶은 특성과 그로 인해 악화될 수 있는 특성을 각각 입력하면, 해당 모순에 적합한 3~4개의 발명 원리를 우선순위별로 제안받고 각 원리의 구체적 적용 방법까지 확인할 수 있다.

아이디어 도출 다음의 무대

HMW 질문과 SCAMPER, TRIZ를 거치며 아이디어를 확장하는 과정을 살펴보았다. 기존 요소를 조합하고 충돌하는 요구를 풀어내며, 서로 다른 관점을 탐색하고 예상하지 못한 선택지를 발견할 수 있었다. AI 도구를 활용하면 아이디어 도출 과정이 풍부해지고, 사고와 문제 해결 방식을 바꾸는 힘을 얻게 된다. 그러나 이런 방법론이 가치를 발휘하려면 아이디어를 많이 만드는 데 그치지 않고, 그 아이디어가 실제로 문제를 해결할 수 있는지 확인하는 단계로 나아가야 한다.

이렇게 만들어 낸 아이디어는 여전히 탐색 단계에 머물러 있다. 머릿속이나 화면 속에만 존재하는 동안 그것은 검증되지 않은 가설에 불과하다. 실제로 형태를 갖춰 구현하고 사용자와 만날 때 그 가치와 의미를 확인할 수 있다. 작은 형태로 아이디어를 만들어 보고, 사용자 반응을 확인하며, 시행착오를 통해 배우는 과정으로 이어진다. 프로토타입은 이때 아이디어와 현실 사이를 연결하는 역할을 하며, 추상적인 개념을 사용자가 경험할 수 있는 구체적인 형태로 만들어 준다.

[실전 AI 툴키트] 엑스마인드

엑스마인드(https://xmind.com/)는 브레인스토밍에서 나온 아이디어를 시각적으로 정리하고 논리적 구조로 만들어 주는 마인드맵 도구다. 아이디어를 정리하여 의사 결정 속도를 높이고, 협업 과정을 시각화하여 효율적으로 의견을 조율할 수 있다.

주요 기능

- 구조화 템플릿: 논리 차트, 피시본 다이어그램, 조직도 등 템플릿을 적용하면 복잡한 아이디어를 정리하고 논리적 흐름을 파악할 수 있다
- AI 도구 연계: 챗GPT나 제미나이 등 생성형 AI에서 제안한 아이디어를 쉽게 마인드맵으로 구조화하고 시각화할 수 있다
- 노드별 정보 첨부: 각 노드에 메모, 이미지, 오디오, 링크 등을 첨부해 정보의 맥락을 기록할 수 있다.
- 실시간 협업: 여러 팀원이 동시에 하나의 마인드맵을 편집하며 실시간으로 아이디어를 추가하고 수정할 수 있어 온라인 협업에 최적화되어 있다.
- 클라우드 동기화: 데스크톱, 모바일 간 동기화를 통해 언제 어디서나 동일한 작업 환경을 유지할 수 있다.

사용 방법

프로젝트 시작 시 적절한 템플릿(논리 차트, 피시본 등)을 선택하고 중앙에 핵심 주제를 배치한다. AI 도구에서 생성된 아이디어 목록을 복사해 각각을 개별 노드로 입력하고 관련성에 따라 분류한다. 마인드맵을 팀원과 공유하여 실시간으로 의견을 추가하고 우선순위를 표시한다.

활용 팁

아이디어가 많아질 때는 중요도별로 노드 크기를 조정하고, 실행 가능성에 따라 색상을 달리 적용하면 우선순위를 파악할 수 있다. 서로 다른 가지에 있는 아이디어 사이에 연결선을 이어, 조합의 가능성을 탐색하면, 새로운 아이디어를 발견할 수 있다. 마인드맵에서 아이디어가 부족한 영역을 확인하고, 해당 관점에서 AI 도구에 추가 질문을 요청하여 아이디어 구조를 보완할 수 있다.

참고문헌

Berger, W.(2012.9.17). The secret phrase top innovators use. Harvard Business Review. https://hbr.org/2012/09/the-secret-phrase-top-innovato

Brad, S.(2021). Domain analysis with TRIZ to define an effective

"Design for Excellence" framework. *Creative solutions for a sustainable development*, pp.426~444. Springer. https://doi.org/10.1007/978-3-030-86614-3_34

Chulvi, V., et al.(2025). Design creativity in AI: Using the SCAMPER method. *Artificial Intelligence for Engineering Design, Analysis and Manufacturing, 39*, e13. https://doi.org/10.1017/S0890060425100036

Frier, S.(2021). *No filter: The inside story of Instagram.* Simon & Schuster. 이경남 옮김(2021). 《노 필터: 위기에도 10,000% 성장, 인스타그램 시작과 성공》. 알에이치코리아.

Gonzalez, G.(2016.9.22). 5 lessons from Instagram's path to startup bliss. Inc. www.inc.com/guadalupe-gonzalez/how-instagram-was-created-kevin-systrom-mike-krieger.html

Sheng. I. L. S. & Kok-Soo, T.(2010). Eco-efficient product design using theory of inventive problem solving (TRIZ) principles. American Journal of Applied Sciences, 7(6), pp.852~858. https://doi.org/10.3844/ajassp.2010.852.858

Lim, Y.(2012.4.9). Inspiring Insights by Instagram CEO Kevin Systrom, the man who built a $1 billion startup. Forbes. https://www.forbes.com/sites/limyunghui/2012/04/09/inspiring-insights-by-instagram-ceo-kevin-systrom-the-man-who-built-a-1-billion-startup/

Orloff, M. A.(2006). *Inventive thinking through TRIZ: A practical introduction.* Springer.

Stanford University Hasso Plattner Institute of Design(2010). An introduction to design thinking process guide. d.school. https://web.stanford.edu/~mshanks/MichaelShanks/files/509554.pdf

05
신속한 실험의 미학

프로토타입은 '생각을 위한 제작'으로, 아이디어를 시험하고 가설을 검증하는 도구다. 아이디어를 간단한 형태로 구현해 공유하고, 피드백을 받아 개선점을 찾으며 다시 실험한다. 이 과정을 통해 아이디어가 실제로 작동하는지 확인하고, 문제점이나 개선 방향을 발견할 수 있다. 이런 반복 속에서 무엇이 작동하고 무엇을 고쳐야 하는지 파악하며 아이디어를 실현 가능한 형태로 발전시킬 수 있다.

AI 콘텐츠 크리에이터?

가설과 검증의 시대

제품 개발 현장에서 프로토타입 제작을 생략하는 경우를 보게 된다. 즉, 가설을 세우지 않은 채 시작하거나 검증과 학습을 건너뛴 채 시장 조사, 기획, 그리고 개발 역량만으로 성공을 확신한다. 그러나 이런 방식으로는 실제 사용자가 무엇을 원하는지, 새로운 기능이 어떤 반응을 불러올지 확인하기 어렵다. 확신이 커질수록 사용자의 요구나 시장 반응을 간과하게 되고, 학습 기회를 놓쳐 결과 예측이 어려워진다.

이러한 문제를 피하려면 가설을 먼저 세우고 실험하며, 사용자 피드백을 바탕으로 방향을 조정하고, 실패를 통해 배우는 과정을 거쳐야 한다. 시장 조사와 기획에만 의존하지 않고 직접 테스트하며, 확신보다 증거를, 완성품보다 학습을 우선시할 때 예측 가능한 결과를 얻을 수 있다. 이런 과정을 프로토타이핑이라 하며, 이는 아이디어와 디자인을 실제로 만들어 눈에 보이는 형태로 구현하는 것이다. 그 과정에서 아이디어의 가능성과 한계를 확인하고 검증하는 데 활용할 수 있다.

우아한 실패의 설계

프로토타입은 아이디어를 눈에 보이는 형태로 만들어

가능성과 한계를 확인하는 수단이다. 머릿속에만 있던 아이디어가 구체적인 모습으로 논의와 실험의 대상이 된다. 프로토타입을 제작하는 과정에서 배우고, 완성도보다 학습에 집중할 수 있다(Coughlan, D., et al., 2007). '손으로 생각하기(Thinking with Your Hands)'라는 말처럼 실제 제작 과정에서 사고가 더 깊어지고, 예상하지 못했던 문제나 새로운 가능성을 발견한다(Brown, 2009). 아이디어를 행동으로 옮기는 과정 자체가 학습의 기회를 넓힌다.

프로토타입을 '생각을 위한 제작(Build to Think)'이라 부르는 것은 완성된 결과물보다 제작 과정에서의 학습과 발견을 중심에 둔다는 점을 잘 보여 준다(Coughlan, D., et al., 2007). '사용자 친화적인 인터페이스'라는 말만으로는 사람마다 다르게 해석해 합의점을 찾기 어렵지만, 화면 구성이나 버튼 배치를 근거로 하면 개선 방향을 더 분명하게 설정할 수 있다. 프로토타입은 안전하게 시도할 수 있는 환경을 제공하고 적은 자원으로도 학습 속도를 높일 수 있다. 실제로 스케치 단계에서는 보이지 않던 사용성 문제를 목업(Mock-up) 단계에서 확인할 수 있고, 이를 해결책을 찾는 계기로 활용할 수 있다. 또한 평소 하지 않았던 방식을 실험하며 새로운 방향을 모색하는 기회로 삼을 수 있다.

그러나 프로토타입의 역할은 아이디어를 구체화하는 데 그치지 않고, 실제 환경에서 통용될 수 있는지 검증하는 영역에서도 활용할 수 있다. 이를 위해 경험, 실현 가능성, 생존 가능성으로 구분하여 살펴볼 수 있으며, 각 단계에서 아이디어의 실현 가능성을 검증할 수 있다.

먼저 경험 프로토타입(Experience Prototype)은 사용자가 실제 맥락에서 어떻게 반응하는지를 확인하는 단계다. 종이로 그린 화면, 스토리보드, 클릭만 가능한 목업처럼 단순한 형태가 적합하다. 완성도가 너무 높으면 사용자가 '이미 결정된 것'으로 받아들여 솔직한 피드백을 제시하기 어렵다. 반대로 불완전한 형태는 의견을 자유롭게 제시하도록 유도하면 불편이나 혼란이 발생하는 지점을 빠르게 찾아낼 수 있다(Ramli R., et al., 2022).

두 번째 단계는 아이디어가 실제 환경에서도 작동하는지를 확인하는 실현 가능성 프로토타입(Feasibility Prototype)이다. 흔히 개념 증명(PoC)이라 부르며, 제품 전체를 구현하지 않고 특정 기능만 실제 조건에서 시험한다(Lauff, C., et al., 2018). 여기서 중요한 점은 복잡한 부수 기능을 모두 만드는 것이 아니라, 검증이 필요한 기능만 간단히 구현하면 된다. 음성 인식 앱이라면 전체 인터페이스보다 특정 명령어가 정확히 인식되는지를 먼저 확인하는 식이다. 최소 단위로 검증하면 기술적 병목이 어디에서 발생하는지 파악하고, 그 결과를 바탕으로 이후 개발 범위와 우선순위를 결정할 수 있다.

마지막 단계는 생존 가능성 프로토타입(Viability Prototype)이다(Camburn, B., et al., 2017). 기술이 제대로 작동한다고 해서 시장 성공이 보장되는 것은 아니다. 사용자가 실제로 비용을 지불할 의향이 있는지, 수요가 꾸준히 이어질 수 있는지를 확인해야 한다. 이를 위해 랜딩 페이지 사전 예약, MVP 테스트, 크라우드펀딩 같은 방식을 활용해 시장 반응을 시험한다. 가령 새로운 온라인 강의 서비스를 준비할 때, 간단한 소개 페이지에서 사전 등록이나 결제 의향을 확인하면 실제 수요를 빠르게 파악할 수 있다. 이렇게 모은 데이터를 전환율, 재방문율, 고객 획득 비용(CAC) 등으로 분석하면 사업성을 판단할 수 있다.

세 단계 검증은 본격적인 개발에 들어가기 전에 작은 실험을 거쳐 아이디어를 시험하고, 잘못된 방향으로 인한 손실을 줄이려는 과정이다. 하지만 제한된 자원 안에서 빠르게 시도할 때는 몇 가지 유의점이 따른다. 먼저 프로토타입이 지나치게 단순하면 사용자의 실제 행동을 충분히 반영하지 못해 결과가 왜곡될 수 있다. 화면 전환이나 조작 흐름을 생략하는 경우에는 겉보기에 긍정적인 반응이 나오더라도 실제 사용 상황과 차이가 생긴다. 테스트 전에 제한 사항을 분명히 알리고, 관찰과 인터뷰를 병행하면 사용자의 의도와 경험을 함께 파악할 수 있다(Menold, D., et al., 2019).

프로토타입이 지나치게 단순해도 문제가 되지만, 반대로 완성도를 지나치게 높이면 검증이 지연되고 학습 기회가 줄어든다. “조금 더 다듬고 나서 테스트하자”라는 생각은 학습 속도를 늦추며 불필요한 수정까지 낳는다. 검증의 목적은 제품을 완성하는 데 있지 않고, 학습 과정 자체에 있다. 따라서 학습 목표를 명확히 세운 뒤, 그 목표 검증에 필요한 수준으로 제작하면 된다.

검증 목적에 맞춘 프로토타입은 간결할수록 피드백이 명확해진다. 초기 버전의 거친 형태일수록 사용자가 솔직한 의견을 내놓기 쉽다. 그러나 지나치게 간소화하면 주요 상호작용이 사라져 실제 행동을 파악하기 어렵다. 화면 전환이나 조작 흐름처럼 사용자가 반드시 거치는 과정은 남겨 두어야 실험 결과가 실제 상황과 가깝게 나타난다. 각 실험에서는 먼저 확인하려는 가설을 한 문장으로 정리하고, 그 가설을 검증하는 데 꼭 필요한 기능이나 과정을 선별하여 간단한 형태로 구현한다. 이런 방식을 따르면 반복 주기를 짧게 유지하면서 학습 속도에 더 집중할 수 있다.

무대 뒤의 검증 시스템

1999년, 자포스(Zappos)를 설립한 닉 스윈먼(Nick Swinmurn)은 신발을 신어 보지 않고 온라인에서 구매할 수 있는지 여부를 검증해야 했다. 당시 전자상거래는 책이나 CD처럼 규격화된 상품에 집중되어 있었고, 반품 위험이 적은 제품이 주로 거래되었다. 그러나 신발은 사람마다 발 모양과 착용감이 달랐다. 사이즈 선택 하나만 어긋나도 곧바로 반품으로 이어졌다. 이런 이유로 유통업자와 투자자 대부분은 신발이 온라인 판매에 적합하지 않다고 판단했다(Ponomarev, 2019).

닉 스윈먼은 이런 회의적인 시선을 그대로 받아들이지 않았다. 대신 "고객이 실제로 온라인에서 신발을 살 수 있는지"라는 가설을 직접 실험으로 검증하기로 했다. 그들은 지역 신발 매장을 찾아가 상품 사진을 찍어 웹사이트(Shoesite.com)에 올렸다. 고객이 주문하면 매장에 가서 신발을 사서 포장한 뒤 발송했다. 겉으로는 온라인 쇼핑몰처럼 보였지만, 무대 뒤에서는 전 과정이 수동으로 처리되었다.

겉으로는 단순히 주문만 처리하는 실험처럼 보였지만, 그들은 이 과정을 통해 여러 측면을 함께 살피고 있었다. 온라인에서 신발을 고르고 결제하는 흐름에서 나타난 사용자의 반응을 관찰했다. 자동화 없이 주문부터 구매와 배송으로 이어지는 절차가 실제 조건에서도 작동하는지를 확인했다. 이어서 거래 데이터를 모아 초기 수요와 수익 구조가 타당한지 검토했다. 이처럼 완전한 시스템이 없어도 핵심 가설을 시험하는 데 필요한 근거를 확보할 수 있었다.

이렇게 얻은 결과는 각 이해관계자에게 다른 의미로 다가왔다. 고객에게는 집에서 편리하게 신발을 고를 수 있다는 경험이, 투자자에게는 새로운 수익 모델의 가능성이, 업계에는 전자상거래 확장성을 보여 주었다. 그들은 확보한 자금으로 물류 시스템을 구축하고 고객 서비스를 체계화하며 수작업 중심의 실험을 본격적인 사업으로 발전시켰다.

아이디어에서 검증까지

프로토타입 제작 방식은 물리적 모형에서 디지털로, 다시 AI 도구를 활용하는 방향으로 발전했다. AI 도구를 활용하면 개인도 전문가 수준의 작업을 처리할 수 있다. 즉, 복잡한 설계 과정을 간소화하고, 반복 작업을 자동화하며, 다양한 관점에서 아이디어를 분석할 수 있게 된다. 나아가 24시간 언제든 활용할 수 있어 프로토타입 제작 속도를 크게 향상시킬 수도 있다.

사용자 시나리오를 구상할 때, 챗GPT나 제미나이 같은 AI 도구로 아이디어를 사용자 행동을 포함한 실행 계획으로 전환할 수 있다. 가령 아이디어와 제약 조건을 입력하고 "누가, 언제, 왜, 어떻게"를 제안해 달라고 요청하면 구체적인 사용자 시나리오를 얻게 된다. 더불어 사용자 니즈와 기술적 복잡도를 고려한 개발 순서도 계획할 수 있는데, 정리된 아이디어와 우선순위는 실제 작동하는 프로토타입으로 연결될 수 있다.

이렇듯 사용자 시나리오를 시각적 자료로 옮기면, 모두가 프로토타입에 대한 동일한 이미지를 공유하게 된다. 미드저니 같은 이미지 생성형 도구를 사용하면 추상적 아이디어를 인물, 공간, 색감이 담긴 시각 자료로 빠르게 변환할 수 있다. 단, 프롬프트를 작성할 때는 기능을 나열하기보다 사용자가 어떤 상황에서 어떤 감정을 느끼는지를 중심으로 적으면 생생하고 구체적인 결과물을 얻을 수 있다.

생성형 AI로 만든 이미지는 전체적인 분위기와 방향성을 빠르게 잡아준다. 시각적 콘셉트가 확정되면 피그마로 넘어가 실제 화면 구조와 기능 배치를 설계할 수 있다. 피그마에서는 여러 사람이 동시에 참여해 수정과 피드백을 반영할 수 있어 협업이 원활해진다. 아이디어 도출에서 시각화, 그리고 설계 및 구현까지 프로토타입 제작 과정이 자연스럽게 연결된다.

다음으로 사용자 시나리오와 이미지가 마련되어 어느 정도 모습이 잡히면, 이를 실제로 작동하는 형태로 바꿀 차례다. 프로토파이(ProtoPie)를 통해 코드 없이도 화면 전환, 버튼 클릭, 제스처 같은 상호작용을 설계할 수 있다. 디자이너나 기획자는 사용자 경험을 직접 검증하며, 어떤 흐름에서 불편을 느끼는지 파악한다. 여러 시나리오를 실험해 개발 전에 방향을 조정할 수도 있고, 상호작용 설계가 끝나면 구현 단계로 이어진다. 커서와 볼트(Bolt) 같은 바이브 코딩 도구를 활용하면 개발 경험이 많지 않아도 실행 가능한 프로토타입을 빠르게 제작할 수 있다. 화면 전환뿐 아니라 데이터 입력이나 조건부 동작까지 구현해 사용자 테스트나 투자자 대상 데모에 활용할 수 있다. 완벽하지 않아도 주요 기능만 작동하는 버전만으로도 초기 아이디어를 검증할 수 있다.

이제 디자인과 주요 기능이 완성되면, 그다음 단계는 사용자가 직접 접하는 텍스트와 이를 전달할 배포 방식을 마련하는 일이다. 버튼 이름, 안내 문구, 알림 메시지처럼 짧은 글 한 줄이 서비스의 첫인상을 크게 좌우한다. 이때 챗GPT나 제미나이를 활용하면 온보딩 메시지, 오류 안내, 도움말 같은 텍스트를 브랜드 성격에 맞는 일관된 톤으로 작성할 수 있다. 텍스트가 준비되면 이제 프로토타입을 공유할 차례인데, 넷리파이(Netlify)나 스트림릿(Streamlit) 같은 플랫폼을 사용하여 별도의 서버 설정 없이도 빠르게 배포할 수 있다. QR 코드나 링크를 통해 다양한 기기에서 바로 접근할 수 있으며, 모든 테스터가 동일한 환경에서 프로토타입을 경험할 수 있다.

요컨대 프로토타입은 전체 제품을 완성하기보다 검증이 필요한 기능이 실제로 작동하는 수준에서 테스트를 진행해야 한다. 문제를 조기에 발견하고 개선 방향을 바로 반영할 수 있다. 테스트 과정에서 버튼 위치가 혼란을 주거나 응답 속도가 지연되면 수정 항목을 파악하고 개선 사항에 대한 논의로 이어진다. 추상적인 개념보다는 화면에 나타난 문제를 중심으로 이야기할 수 있어 합의점을 찾고 향후 방향을 결정할 수 있다.

불확실성을 넘어 담대하게

프로토타입 제작 단계에서 '생각하기 위한 제작' 원칙은 완벽한 계획보다 빠른 실험을, 확신보다 검증을 강조한다. 경험형/실현 가능형/생존 가능형 프로토타입 관점을 적용하면 불확실성을 낮추고 아이디어를 검증할 수 있는 가설의 형태로 발전시킬 수 있다. 가설이 정해지면 최소한의 자원으로 사용자 경험을 살펴보고, 그 결과를 다음 단계로 이어 간다. 이렇듯 학습 과정을 반복할수록 제품의 방향은 뚜렷해지고 의사 결정의 리스크를 관리할 수 있게 된다.

이제 사용자의 경험(UX)을 직접 살펴볼 단계다. 프로토타입은 기능 검증을 넘어 사용자의 선택과 가치를 확인하는 대화의 장이 된다. 단순히 기능의 작동 여부만 보지 말고, 사용자가 왜 그렇게 행동하는지, 무엇을 중요하게 여기는지를 파악해야 한다. 시선이 머뭇거리는 순간이나 버튼을 누르기 전의 지연, 화면을 오가는 눈길도 주목할 만하다. 오류를 만회하려는 몸짓까지 세심하게 살피면 사용 행태의 공통점이 보이고, 해결해야 할 문제가 한층 선명해진다. 이렇게 얻은 통찰을 더 깊이 이해하려면 사용자와 직접 대화해야 한다.

[실전 AI 툴키트] 프로토파이

프로토파이(https://www.protopie.io/)는 코딩 없이 화면 전환, 터치 제스처, 센서 반응 등을 구현할 수 있는 프로토타이핑 도구다. 디자이너나 기획자가 사용자 경험을 직접 테스트하고 개발 전에 문제점을 파악할 수 있다.

주요 기능

- 오브젝트-트리거-리스폰스(OTR) 모델: 특정 객체에 탭, 드래그 등의 트리거를 설정하고 반응을 연결하는 직관적인 방식으로 복잡한 상호작용을 구현한다.
- 스마트 디바이스 센서 활용: 스마트폰의 카메라, 마이크, 자이로스코프, 근접 센서 등을 프로토타입에 활용하여 현실적인 경험을 만들 수 있다. 감정 강도 기반 분석을 효과적으로 수행할 수 있다.
- 피그마 연동: 피그마에서 작업한 디자인을 가져와 인터랙션을 추가할 수 있으며, 다양한 기기에서 테스트할 수 있고 QR 코드로 쉽게 공유할 수 있다.
- 디바이스 간 실시간 통신: 스마트폰으로 TV나 차량을 제어하는 등 여러 기기가 동시에 동작하는 상호작용 시나리오를 실제 환경에서 구현할 수 있다.

- 하드웨어 인터페이스 시뮬레이션: 차량 대시보드, IoT 기기 등의 물리적 버튼과 센서를 앱과 연동하여 임베디드 UX를 실제처럼 테스트할 수 있다.

사용 방법

피그마에서 디자인을 내보낸 후 프로토파이에서 열어 버튼을 클릭하면 'Tap' 트리거를 추가할 수 있다. 트리거 패널에서 'Move' 반응을 선택한 뒤 이동할 위치를 드래그해 설정한다. 또한 상단의 'Preview' 버튼을 누르면 즉시 확인되고, 'Share' 메뉴의 QR 코드로 모바일에서 테스트할 수 있다.

활용 팁

실제 앱처럼 작동하는 프로토타입을 사용자에게 보여주면 개발 전에 사용성 문제를 미리 발견하고 개선할 수 있다. 버튼 클릭이나 화면 전환 시 나타나는 미세한 애니메이션을 정교하게 만들어 서비스의 완성도를 높인다. 스마트폰으로 TV를 제어하거나 자동차 인포테인먼트 시스템처럼 여러 기기가 서로 통신하는 복잡한 시나리오도 미리 검증할 수 있을 것이다.

참고문헌

Brown, T.(2009). *Change by design: How design thinking transforms organizations and inspires innovation.* HarperBusiness.

Camburn, B., et al.(2017). Design prototyping methods: State of the art in strategies, techniques, and guidelines. *Design Science, 3,* e13. https://doi.org/10.1017/dsj.2017.10

Coughlan, P., et al.(2007). Prototypes as (design) tools for behavioral and organizational change: a design-based approach to help organizations change work behaviors. *The Journal of Applied Behavioral Science, 43*(1), pp.122~134. https://doi.org/10.1177/0021886306297722

Lauff, C. A., et al.(2018). What is a prototype? What are the roles of prototypes in companies?. *ASME Journal of Mechanical Design, 140*(6), 061102. https://doi.org/10.1115/1.4039340

Menold, J., et al.(2019). The prototype for X framework: Exploring the effects of a structured prototyping framework on functional prototypes. *Research in Engineering Design, 30,* pp.187~201. https://doi.org/10.1007/s00163-018-0289-4

Ponomarev, A.(2019.12.10). How Zappos Built a Product By Faking It. Medium. https://medium.com/rocket-startup/how-zappos-built-a-product-by-faking-it-d3fd692a1fed

Ramli, R., et al.(2022). Assessing usability of learning experience prototype. *International Journal of Emerging Technologies in Learning (iJET), 17*(9), pp.20~36. https://www.learntechlib.org/p/223092

06

사용자와의 깊은 대화

사용자 테스트는 제품의 작동 여부를 확인하고, 사용자 행동을 관찰하며 소통하는 과정이다. 이 과정에서 개발 단계에서 놓치기 쉬운 실제 반응과 행동 패턴이 나타난다. 사용자의 말과 행동 사이에 차이가 나타날 때, 관찰자는 그 차이를 기록하고 분석해야 한다. 이렇게 얻은 결과는 사용자 경험과 설계상의 방향성을 구체화하여 제품 개선에 적용할 수 있다.

AI와 민주주의?

단순 질문에서 깊은 대화로

제품 개발 과정에서 사용자 테스트가 형식적으로 진행되는 경우가 적지 않다. 개발자는 기능이 정상적으로 실행되는지에만 집중하고, 사용자의 실제 반응을 살피지 않은 채 출시를 서두르기도 한다. 이렇게 접근하면 사용자가 제품을 어떻게 받아들이는지, 핵심 기능이 어떤 가치를 제공하는지를 파악하지 못하고 사용자의 니즈를 확인할 수 있는 기회를 놓치게 된다. 그 결과 제품-시장 적합성(PMF)을 검증하거나 경험을 개선할 기회도 사라진다.

사용자 테스트가 제 역할을 하려면 관찰을 중심에 두어야 한다. 개발자가 사용자의 실제 반응을 직접 살피면 제품의 문제와 가능성을 구체적으로 확인할 수 있다. 질문과 답만으로는 얻지 못하는 정보가 행동 속에서 나타나며, 그 속에서 개선의 단서를 찾을 수 있다. 개발자는 이런 행동을 맥락과 반복 패턴 속에서 해석하며, 그 결과를 토대로 제품을 다듬을 수 있다. 테스트는 단순한 검증에 머물지 않고 학습의 기회로 이어지고, 학습이 쌓일수록 제품은 발전한다.

실험이 남긴 발자국

디자인 싱킹에서 테스트 단계는 현장에서 사용자의 행

동과 맥락을 관찰하며 이해와 공감을 확장하는 과정이다. 이때 중요한 것은 기능이 정상적으로 실행되는지 검증하는 데 그치지 않고, 사용자의 반응을 면밀히 살펴 이해를 넓히는 것이다. 테스트 단계에서는 프로토타입 실험을 통해 학습과 수정이 반복된다. 이 과정은 "빠르게 실패해 더 빨리 성공하라"는 원칙으로 설명할 수 있다(Brown, 2008). 실제로 테스트는 사용자를 관찰한 뒤 행동 패턴을 해석하고, 그 결과를 근거로 개선안을 마련하는 흐름으로 이어진다. 관찰과 개선이 반복되면 학습의 깊이가 더해지고, 실행 또한 현장의 맥락에 맞게 조정할 수 있다.

사용자의 실제 생활 맥락에서 프로토타입을 경험하도록 설계해야 한다. 모바일 앱을 개발한다면 깔끔한 회의실보다 지하철이나 카페처럼 실제 사용 환경이 더 적합하다. 이곳에서는 시간 압박, 주변 소음, 멀티태스킹 같은 제약이 자연스럽게 나타난다. 반대로 실험실에서는 그런 조건을 충분히 재현하기 어렵다. 따라서 테스트 설계 시, 현실의 변수를 반드시 고려해야 한다. 실제 사용 상황을 가깝게 구현하되, 인위적 연출은 배제하는 것이 좋다. 이렇게 조성된 환경에서는 사용자의 상호작용을 기록하며, 필요한 경우 섀도잉(Shadowing)을 적용할 수 있다. 연구자가 사용자를 가까이에서 지켜보며 행동을 관찰하면 무의식적 습관이나 상황적 맥락을 포착할 수 있다. 또 사용자의 생활공간에 직접 들어가 일정 기간 관찰하는 질적 연구 방법인 에스노그라피(Ethnography)를 적용하면, 말로 표현되지 않는 니즈와 습관, 문화적 패턴까지 확인할 수 있다.

다음으로 관찰에서는 사용자의 행동과 반응을 세밀하게 살펴야 한다. 행동에서는 클릭과 망설임을 주의 깊게 살펴보고, 비언어적 신호에서는 표정과 몸짓을 관찰해야 한다. 예를 들어 사용자가 "괜찮아요"라고 말하면서 미간을 찌푸리거나, "좋네요"라고 말하면서도 머뭇거리는 장면은 관찰자가 주목할 수 있는 신호다. 비언어적 신호는 순간적이고 무의식적으로 나타나므로, 의식적으로 다듬은 언어보다 실제 니즈와 감정을 더 정확히 보여 준다. 관찰자는 이와 함께 사용 환경과 시간대 같은 맥락 정보도 기록해야 한다. 설계 의도와 달리 나타나는 행동은 개선 방향을 찾는 단서로 활용할 수 있다.

다음은 관찰 결과를 종합해 공통된 패턴을 찾아내는 단계로 연결된다. 한두 명의 피드백만으로는 일반화하기 어려우므로, 여러 사용자의 행동과 반응에서 반복되는 경향을 살펴야 한다. 즉, '사용자가 이 기능을 직관적으로 사용할 것'이라는 가정이 있었다면 실제 반응으로 검증해야 한다. 작은 검증과 수정을 거듭하면 디자인과 개발을 점진적으로 발전시킬 수 있다.

실험은 한 번으로 끝나지 않으며, 반복된 실험으로 결과가 축적될수록 학습의 폭이 넓어진다. 이 과정에서 처음 세운 문제 정의가 다시 점검되고, 새로운 관점에서 재구성되기도 한다. 반복적 실험은 예상하지 못한 해결책을 발견하는 기회를 제공하기도 한다(Carlgren, L., et al., 2016).

이처럼 반복적인 학습 과정을 거치면, 디자인이 구체적인 상황과 맥락에 의존한다는 점을 알 수 있다. 새로운 요구 사항을 확인하면 이를 반영해서 새로운 접근 방식이나 해결책을 도출할 수 있다(Suwa, M., et al., 2000). 따라서 문제를 정의하고 해법을 찾을 때는 구체적인 상황과 조건을 함께 고려해야 한다. 금융 앱을 조용한 사무실에서 테스트하는 경우와 북적거리는 은행 대기실에서 테스트하는 경우는 서로 다른 반응을 불러온다. 그런 차이를 이해하려면 사용자를 피드백을 제공하는 대상이 아니라, 제품을 함께 만들어 가는 협력자로 인식해야 한다. 이런 시각에서 테스트 경험을 학습의 기회로 삼으면 초기 공감 단계에서 놓쳤던 감정과 니즈를 다시 확인할 수 있다(Kelley & Kelley, 2013).

사용자가 보여 준 진실

스트리밍 서비스가 확장되면서 넷플릭스는 급격히 늘어난 콘텐츠 때문에 사용자가 원하는 영상을 찾지 못하고 이탈하는 문제에 부딪혔다. 선택지는 많았지만, 사용자는 오히려 무엇을 볼지 고르는 데 더 많은 시간을 쓰고 있었다. 장르 분류나 인기 순위 같은 추천 방식으로는 다양한 취향을 만족시키기 어려웠고, 불편은 구독 취소로 이어졌다(Plummer, 2017).

이 문제를 해결하기 위해 넷플릭스는 추천 방식을 여러 형태의 프로토타입으로 제작하고 거실, 침실, 그리고 출근길 등 실제 생활환경에서 여러 차례 테스트했다. 초기에는 장르 중심 추천에서 출발했으나, 이후 비슷한 취향을 지닌 이용자의 평가를 바탕으로 영화를 추천하는 협업 필터링을 도입했고, 다시 평점과 시청 기록까지 반영하는 하이브리드 모델로 발전했다. 넷플릭스는 사용자가 평소와 다름없이 서비스를 이용하는 상황에서 실험을 진행하며 개선의 실마리를 얻었다(Gawade, 2023).

실제 환경에서 수집한 데이터를 바탕으로 넷플릭스는 사용자의 상호작용을 추적했다. 클릭률, 시청 완료율,

세션 시간, 재방문율 같은 정량 지표뿐 아니라, 추천 목록을 스크롤하다 머뭇거리는 모습, 여러 콘텐츠를 빠르게 훑어보는 행동, 같은 영상을 반복 시청하는 습관까지 기록했다. 높은 평점을 준 영화를 중간에 멈추거나, 낮은 평점을 준 드라마를 계속 반복해서 시청하는 모순된 행동은 말로 표현되지 않는 실제 취향을 보여 주는 단서였다.

이에 넷플릭스는 지속적으로 사용자를 관찰해 결과를 축적하고, 개별 행동을 넘어 반복되는 패턴을 찾아냈다. 같은 영화라도 추천 방식에 따라 반응이 달랐고, 한 사용자도 시간대, 요일, 그리고 사용 기기에 따라 선호 장르가 달라졌다. 분석 결과, 추천 방식을 상황에 맞춰 조정해야 한다는 점을 확인했다. 그들은 사용자를 맥락에 따라 달라지는 '멀티 페르소나'로 규정하였으며, 테스트는 최적의 답을 찾아가는 사용자와의 협업 과정이 되었다(Overload, D., 2023).

그들은 개인화 추천을 통해 사용자 경험(UX)을 높이고 서비스 이용을 촉진했다. 이 성과는 넷플릭스가 대표적인 OTT 서비스로 성장하는 발판이 됐다. 축적된 행동 데이터는 콘텐츠 제작에도 반영돼, 2013년 〈하우스 오브 카드〉를 시작으로 〈종이의 집〉, 〈킹덤〉, 〈오징어게

임〉 등 세계적 히트작으로 이어졌다. 이러한 작품들은 데이터 분석과 추천 시스템이 제작 전략에 접목한 성과였다.

관찰 뒤에 남는 울림

테스트 단계를 실행하려면 세그먼트를 설정하고, 시나리오를 설계하며, 관찰과 분석을 모두 거쳐야 한다. 그러나 인터뷰 기록을 정리하는 일이나 사용자 행동을 분석하는 작업은 반복이 많아 집중력을 떨어뜨리고 피로가 쌓이게 한다. 이런 상황에서 AI는 단순한 반복을 대신 처리해서 결과를 해석하고 전략을 도출하는 과정에 집중할 수 있도록 지원한다.

테스트 계획을 세우고 결과를 분석하는 단계에서는 챗GPT와 제미나이 같은 AI 도구를 활용할 수 있다. 가령, 한 스타트업이 투자 앱의 사용성을 검증한다고 하자. 그 과정에서 챗GPT나 제미나이에 "MZ 세대 대상 투자 앱의 사용성 테스트를 설계합니다. 투자 경험 수준과 앱 사용 빈도를 기준으로 사용자 세그먼트를 나누고, 온보딩부터 첫 투자까지 어떤 시나리오로 테스트해야 하는지 제안해 주세요"라고 입력하면, 투자 등급 별로 구분된 시나리오와 측정 지표가 제시된다. 그 결과를 노션에 정리해 두면 테스트 목표와 방법을 쉽게 공유할 수 있고, 이후 논의 기준이 명확해진다.

테스트를 진행하다 보면 사용자의 반응을 기록하고 저장하는 방식이 분석의 결과에 직접적인 영향을 준다. 이를 지원하는 도구로는 대표적으로 룸(Loom), 오터(Otter.ai), 미로가 있다. 룸은 세션을 영상으로 녹화하고, 사용자가 혼란스러워하는 순간이나 과제를 성공적으로 마치는 순간을 정확한 시점과 함께 저장한다. 오터는 인터뷰 내용을 실시간으로 텍스트로 전환하고, 키워드와 감정 변화를 태깅해 이후 분석에 활용할 수 있는 자료를 만든다. 미로를 활용하면 관찰 내용을 포스트잇 형태로 시각화해, 유사 항목을 묶고 패턴을 빠르게 도출할 수 있다. 이러한 도구를 함께 활용하면 테스트 데이터에서 의미 있는 패턴을 더 쉽게 발견할 수 있다.

테스트가 끝나면 정량 지표, 행동 관찰 기록, 인터뷰 내용을 입력한다. 이어서 "사용자 그룹별 주요 페인포인트와 개선할 항목을 우선순위에 따라 정리해 주세요"라고 요청한다. 그러면 "초급 투자자의 온보딩 3단계 이탈률이 높다"는 결과가 "인터뷰에서 반복된 '용어가 어렵다'는 의견과 연결된다"는 식으로 분석 결과가 제시된다. 이러한 방식으로 데이터 간 연관성을 확인하고, 문제 해결의 우선순위를 빠르게 정할 수 있다.

대화가 만드는 혁신

테스트는 프로토타입의 완성도를 검증하는 절차가 아니다. 오히려 미완성의 형태를 사용자 앞에 내놓고, 그 반응에서 새로운 통찰을 발견하는 과정이다. 망설임이나 표정, 짧은 말 같은 단서에서 미처 보지 못했던 실마리를 얻을 수 있다. 사용자의 행동이 예측과 달라도 그 안에서 혁신의 방향을 찾을 수 있고, 변화에 적응하는 힘을 키우며 새로운 시도를 이어 간다. 이런 경험이 쌓이면 제품은 점점 단단해지고, 불확실한 상황에서도 방향성을 유지할 수 있다.

사용자와의 대화는 이후 설계를 구체화하고 방향을 정하는 기반이 된다. 짧은 말이나 일관된 행동은 어떤 부분을 고쳐야 하는지 보여 주는 근거가 되고, 때로는 한 사람의 특별한 반응이 집단 전체가 공통적으로 가진 필요와 연결되기도 한다. 여러 사람의 행동을 함께 살펴보면, 개별 사례를 넘어 집단 전체에 공통된 경향을 확인할 수 있다. 이렇게 모아진 사용자 반응은 데이터로 정리되고 분석되면서, 각 사용자의 맥락을 반영해 서비스 전반의 세부 요소를 다시 설계하는 과정으로 발전한다.

[실전 AI 툴키트] 룸

룸(https://www.loom.com/)은 사용자 테스트 세션을 화면과 음성으로 녹화하여 팀원과 공유하고 분석하는 비디오 커뮤니케이션 도구다. 이를 활용하면 현장의 반응을 놓치지 않고 기록할 수 있고, 모두가 함께 문제를 이해하고 개선 방향을 논의할 수 있다.

주요 기능

- 화면+웹캠+음성 동시 녹화: 사용자의 화면 조작과 표정, 음성 반응을 하나의 영상으로 기록해 테스트 과정에서 놓치기 쉬운 단서를 살핀다.
- 타임스탬프 기반 네비게이션: 영상 재생 중 특정 시점을 표시하거나 댓글에 시간을 기록해 중요한 순간에 이동한다.
- 실시간 링크 공유: 녹화가 끝나면 즉시 고유 링크가 생성되어 팀원이 별도 파일 다운로드 없이 시청하며 의견을 남긴다.
- 설문 조사: AI를 활용하여 적합한 설문조사를 설계하거나 40개 이상의 템플릿을 활용하여 아이디어를 검증하고 사이트와 제품 전반의 사용자 경험을 개선할 수 있다.
- AI 기반 음성 텍스트 변환: 음성을 자동으로 텍스트로

바꿔 인터뷰 내용을 정리하고 필요한 부분을 검색한다. AI 요약과 챕터 자동 생성 기능은 특정 구간을 빠르게 찾는 데 쓸 수 있다.

- 영상 내 댓글 시스템: 특정 시점에 댓글을 달아 "2분 30초 지점에서 사용자가 망설이는 이유가 무엇일까?"와 같은 구체적 논의를 이어 간다.

사용 방법

룸은 데스크톱 앱이나 브라우저 확장 프로그램을 설치한 뒤, 녹화할 영역을 선택해 사용한다. 사용자 테스트에서는 보통 전체 화면 모드를 쓰는데, 웹캠과 마이크를 켜면 사용자의 표정과 음성 반응이 함께 기록되며, 얼굴은 화면 하단의 작은 원형 창에 표시된다. '녹화 시작' 버튼을 눌러 세션을 진행하고, 필요하면 일시 정지나 재시작 기능으로 원하는 구간만 선택해 담을 수 있다. 녹화가 끝나면 자동으로 생성된 링크를 채팅방이나 노션 페이지에 공유해, 영상을 확인하고 분석할 수 있다.

활용 팁

녹화 전에 짧게 시험 녹화를 해 두면, 화면이 녹지 않거나 음성이 잡히지 않는 오류를 미리 막을 수 있다. 영상

제목에 "사용자A_투자앱_온보딩테스트_0305"처럼 일정한 규칙을 적용하면, 필요한 영상을 나중에 쉽게 찾는다. 음성 텍스트 변환 기능을 활용해 사용자가 말한 "복잡하다", "이해가 안 된다" 같은 표현을 검색하면, 이해가 막히는 부분을 더 명확하게 파악할 수 있다. 여러 사용자 테스트 영상을 폴더로 묶어 관리할 수 있는데, 각 영상의 인사이트를 댓글에 요약해 두면 테스트 결과와 발견 내용을 함께 참고할 수 있다.

참고문헌

Brown, T.(2008). Design Thinking. *Harvard Business Review, 86*(6), pp.84~92, 141. https://www.researchgate.net/publication/5248069_Design_Thinking

Carlgren, L., et al.(2016). Framing design thinking: The concept in idea and enactment. *Creativity and Innovation Management, 25*(1), pp.38~57. https://doi.org/10.1111/caim.12153

Overload, D(2023.1.21). User Behavior Analysis — How Netflix is Using it to Keep You Engaged. Medium. https://medium.com/@data-overload/user-behavior-analysis-how-netflix-is-using-it-to-keep-you-engaged-c2b0b62b526

Gawade, A.(2023.6.15). Netflix Syndrome — a UX/UI Case Study on the paradox of choice. Medium. https://medium.com/@aryagawade2001/netflix-syndrome

-a-ux-ui-case-study-on-the-paradox-of-choice-410a062cc403

Kelly, T. & Kelly, D.(2013). *Creative Confidence: Unleashing the Creative Potential Within Us All.* Crown Business.

Phillora, S. & Whitman, L.(2024. 12. 4). Ethnographic research: UX insights in context. Maze Collection. https://maze.co/collections/user-research/ethnographic-research/

Plummer, L.(2017.8.22). This is how Netflix's top-secret recommendation system works. Wired. https://www.wired.com/story/how-do-netflixs-algorithms-work-machine-learning-helps-to-predict-what-viewers-will-like/

Suwa, M., et al.(2000). Unexpected discoveries and S-invention of design requirements: Important vehicles for a design process. *Design Studies, 21*(6), pp.539~567. https://doi.org/10.1016/S0142-694X(99)00034-4

07
맞춤형 경험의 설계

아이디어를 시험하다 보면 사용자마다 요구 사항이 서로 다르다는 사실을 알 수 있다. 어떤 요소는 만족을 주지만, 다른 요소는 불편을 야기한다. 이런 차이가 발생하는 지점을 살피면 사용자가 기대하는 기본 기능과 색다른 경험을 만드는 요소를 구분할 수 있다. 카노 모델과 'What Wows?'를 활용하면 맞춤형 경험을 통해 고객에게 만족을 넘어 감동을 제공할 수 있다.

AI와 애니메이션?

만족이라는 신기루

사용성 테스트에서는 좋은 반응이 나왔지만 실제 사용률은 계속 떨어진다. 기능도 괜찮고 테스트도 통과했는데, 사용자는 다른 서비스로 이동한다. "괜찮네요", "쓸 만해요"라고 답했지만 지속적으로 사용하지는 않는다. 개발팀은 왜 이런 일이 벌어지는지 당황스러워한다. 이 현상의 배경에는 '만족'과 '감동'의 간극이 있다(이한진 · 이예은, 2024).

'만족'은 기대한 수준에 도달한 상태이고, '감동'은 그 기대를 뛰어넘는 경험이다. 만족은 더 나은 대안이 나타나면 쉽게 바뀌는, 오래 지속되지 않는 상태다. 반면 감동은 기억에 오래 남아 다른 선택지가 나타나더라도 사용자가 선택을 바꾸지 않게 만든다. 그런데 기존 조사에서는 "무엇이 불편한가요?"만 묻고, "무엇을 하면 정말 좋아할까요?"는 잘 묻지 않는다. 이런 방식으로는 사용자가 마음속에 품고 있는 욕구를 발견하기 쉽지 않다. 사용자 기대를 뛰어넘는 경험이 어떤 과정을 거쳐 만들어지는지, 나아가 그것을 어떻게 설계할 수 있는지를 살펴봐야 한다.

고객 감동의 설계도

사용자 만족도를 파악하고 개선하는 것은 기업의 주요

관심사 중 하나로, 이를 위한 대표적인 프레임워크로 카노 모델을 활용할 수 있다(Kano, N., et al., 1984). 이는 고객 만족이 제품 성능뿐 아니라 기능의 성격에 따라 차이가 있다는 전제로, 품질 요소를 다섯 가지 차원—기본 품질, 성능 품질, 매력 품질, 무관심 품질, 역 품질—로 분류한다.

먼저 기본 품질(Must-be Quality)은 반드시 갖추어야 하는 항목으로, 결여되면 불만이 커지지만 충족되더라도 만족이 크게 높아지지는 않는다. 성능 품질(Performance Quality)은 수준이 높을수록 만족도도 함께 올라가는 요소로, 고객이 직접 비교하고 평가하는 대상이다. 한편 매력 품질(Attractive Quality)은 없어도 불만은 없지만, 있으면 기대를 넘어서는 만족을 준다. 그러나 이런 매력 요소는 시간이 지나면서 익숙해지고, 사용자가 기대하는 기본 품질이나 성능 품질의 일부로 편입된다. 무관심 품질(Indifferent Quality)은 있어도 없어도 만족에 차이가 없으므로 개발 우선순위에서 제외할 수 있다. 마지막으로 역 품질(Reverse Quality)은 어떤 고객에게는 만족을 주지만 다른 고객에게는 불만을 일으킨다. 같은 기능이라도 집단에 따라 반응이 달라 일부는 장점으로 보지만, 다른 일부는 오히려 불편으로 인식한다.

카노 모델은 품질 요소를 구분해 개발 자원을 어디에 쓰고 어떻게 배분할지 판단하는 기준을 제공한다. 실무에서는 기본 품질을 먼저 확보하고, 성능 품질을 개선하며, 매력 품질을 일부 더해 차별화 요소를 만들 수 있다. 무관심 품질은 자원 투입을 최소화하고, 역 품질은 불만 요인이 되므로 주의 깊게 관리해야 한다.

나아가 품질 차원을 경험 설계에 적용할 때 세 가지 원칙을 고려할 수 있다. 먼저 공감(Empathy)을 통해 고객의 삶과 맥락을 이해해야 한다. 이어서 발명(Invention)을 통해 미래의 가능성을 구상하고, 반복(Iteration)을 통해 여러 시도를 거쳐 해답을 찾아갈 수 있다. 'What Wows?' 프레임워크는 이 원칙을 네 가지 질문－'무엇이 보이는가(What is?)', '무엇이 떠오르는가(What if?)', '무엇이 끌리는가(What wows?)', '무엇이 통하는가(What works?)'－로 정리한 방법론이다. 처음에는 시야를 넓혀 다양한 가능성을 탐색하고, 이후에는 범위를 좁혀 실행 가능성이 높은 선택지에 집중한다(Liedtka, J. & Ogilvie, T., 2011).

먼저, '무엇이 보이는가(What is?)' 단계에서는 현재 상황과 사용자 문제를 정확히 이해하는 것부터 시작한다. 표면에 드러난 문제에만 집중하지 않고, 여러 관점에서 근본 원인을 찾아야 한다. 기본 품질이 충족되고 있는지, 성능 품질에서 경쟁사와 비교해 어떤 위치에 있는지, 매력 품질의 기회가 어디에 있는지를 점검하는 과정도 포함된다.

현재 상황을 충분히 이해한 뒤에는 가능성을 넓히는 단계로 이어진다. '무엇이 떠오르는가(What if?)' 단계에서는 기존의 제약 조건을 그대로 받아들이지 말고, 다양한 가정을 세워 보면서 아이디어를 발산해야 한다. 이때는 실현 가능성을 잠시 뒤로 미루고, 최대한 많은 아이디어를 내는 데 주력한다. 아이디어가 많을수록 이후 단계에서 더 나은 선택지를 골라내고 발전시킬 수 있다.

아이디어가 모인 뒤에는 그중에서 어떤 것을 실제로 실행할지를 정해야 한다. '무엇이 끌리는가(What wows?)' 단계에서는 아이디어를 구체화해 프로토타입으로 제작하고 사용자 반응을 확인한다. 사용자에게는 가치가 있고 기업에는 수익성이 있는 교차점을 찾아야 하는데, 이를 '와우 존(wow zone)'이라 부른다. 기본 품질을 충족하고 성능 품질로 경쟁 우위를 확보하며, 매력 품질을 더해 감동을 주는 조합을 발견하면 아이디어를 구체적인 콘셉트로 발전시킬 수 있다.

마지막 단계인 '무엇이 통하는가(What works?)'에서는 프로토타입을 실제 환경에서 시험해 보고, 시장에 적용할 수 있는 솔루션으로 발전시킨다. "이 콘셉트가 제대로 작동하려면 어떤 가정이 충족되어야 할까?"라는 질문으로 검증한다. 이 과정에서는 기본 품질, 성능 품질, 매력 품질을 대상으로 측정 지표를 세우고, 그 결과를 꾸준히 관찰하고 평가해야 한다. 기본 품질은 오류율과 불만 접수율로 살펴보고, 성능 품질은 만족도와 사용 지속률로 확인하며, 매력 품질은 추천 의향과 브랜드 애착도로 측정할 수 있다.

카노 모델이 품질 차원을 구분해 만족의 기준을 제공한다면, 'What Wows?'는 이를 실제 설계와 검증 과정으로 이어 준다. 두 접근법을 함께 활용하면 고객의 기대를 충족하는 수준을 넘어, 실행 가능한 아이디어로 발전시켜 감동을 주는 경험까지 설계할 수 있다.

감동이 비즈니스로

사용자에게 감동을 주는 경험 설계가 실제 성과로 이어지는지는 '뱅크샐러드' 사례에서 확인할 수 있다. 2021년 마이데이터 서비스가 시작되기 전까지 사용자는 자산이 여러 금융 기관에 흩어져 있어 전체 재무 상황을 한눈에 파악하는 데 어려움이 있었다. 마이데이터 제도가 도입되면서 이를 한 번에 연결할 수 있는 제도적 기반이 마련되었지만, 사용자가 체감하는 불편함은 여전히 남아 있었다. 뱅크샐러드는 인터뷰와 이용 기록을 분석해 이런 문제를 확인하고, 인증 절차를 간소화하고 기관 정보를 손쉽게 연동할 수 있는 기술적 방안을 구축했다. 그 결과 인증 속도는 빨라지고 자산 조회는 더 정확해졌다. 동시에 시스템 오류를 최소화하여 사용자가 불편을 겪지 않도록 세심하게 개선을 이어갔다(명지혜, 2022).

기본 서비스가 자리 잡은 뒤 뱅크샐러드는 '통합 자산 조회' 기능을 한층 더 확장했다. 사용자가 앱에서 인증을 마치면 보유한 자산을 한 화면에서 확인할 수 있었다. 휴면 예금, 보험 환급금, 소액 잔액 계좌 등 그동안 파악하기 어렵던 항목도 함께 제시하며 그 가치를 더했다. 사용자는 흩어져 있던 자산을 발견할 수 있었다(황예림, 2025).

통합 조회 서비스가 안착한 뒤 뱅크샐러드는 복잡한 금융 정보를 더 쉽게 이해할 수 있도록 개인 맞춤 도구를 선보였다. '토핑+'는 사용자의 지출 기록을 자동으로 정리해 흐름을 명확히 보여 주었다. 또한 마이데이터를 활용해 개인의 질문에 직접 답하고 필요한 정보를 즉시 제공하는 기능을 더했다. 자산, 지출, 투자 현황을 함께 제시해 전체 재무 상황을 종합적으로 파악할 수 있도록 했다. 이런 기능이 결합되면서 사용자는 금융 생활을 더 편리하게 관리할 수 있었고, 이는 서비스 이용률과 재방문율 증가로 이어졌다(이창섭, 2025).

뱅크샐러드는 새로운 기능을 추가하는 데서 멈추지 않고, 행동 데이터와 인터뷰를 기반으로 사용자의 감정 변화를 세밀하게 설계했다. 자산이 흩어져 있어 답답함을 느끼던 시작 단계에서 모든 정보가 모이며 안도하는 순간을 지나, 숨겨진 자산을 찾아내며 기뻐하는 장면까지 감정의 전환 과정을 단계별로 반영했다. 이 흐름을 화면 구성과 알림 시점에 담아 핵심 기능을 안정적으로 제공했으며, 다른 서비스와 차별화되는 특징도 마련했다. 사용자는 예상치 못한 자산을 발견하는 순간 서비스에 더 큰 신뢰와 애착을 갖게 되었다(명지혜, 2022).

경험을 읽는 패턴

감동적인 경험은 사용자가 언급한 요구만으로는 완전히 파악하기 어렵다. 말투와 몸짓 같은 비언어적 신호 속에서 충족되지 않은 기대가 나타나기도 한다. 이런 기대를 파악하려면 관찰과 해석, 실험과 검증을 반복해야 한다(Lee, H., et al., 2025). 카노 모델과 'What Wows?'

접근법을 적용해 이 과정을 어떻게 구현해야 하는지 살펴본다.

'What is?' 단계에서는 사용자의 감정을 세밀하게 파악하는 것부터 시작해야 한다. 인터뷰에서 "만족한다"는 대답이 나와도 억양이나 말의 속도를 함께 살피면 충족되지 않은 니즈를 파악할 수 있다. 온라인 리뷰의 "맛있긴 한데 뭔가 아쉬워"라는 평가는 성능은 충족했지만 매력이 부족한 상황을, "별다른 차이를 못 느꼈어"라는 평가는 서비스에 관심이 없는 상태를 보여 준다. 이를 종합해 분석하면 맞춤형 경험을 설계하는 데 기초 자료로 활용할 수 있다.

'What if?' 단계에서는 아이디어를 만들고 발전시키는 데 집중해야 한다. 챗GPT나 제미나이 같은 AI 도구에 상황과 맥락을 함께 입력하면, 실행 가능한 아이디어를 얻을 수 있다. 여기서 나온 아이디어는 카노 모델을 적용해 기본 품질, 성능 품질, 매력 품질, 무관심 품질, 역 품질의 다섯 가지로 분류할 수 있다. 이 과정을 거치면 어떤 아이디어가 단기 개선에 적합한지, 어떤 아이디어가 장기적인 차별화로 이어질 수 있는지 판단할 수 있다.

'What wows?' 단계는 아이디어를 실현 가능한 형태로 옮기는 과정이다. 여기서는 완벽한 제품을 만드는 것보다 사용자에게 감동을 줄 수 있는 요소에 초점을 둔다. 피그마를 활용하면 화면 레이아웃을 설계하고 특정 순간의 감정 흐름을 시뮬레이션하며, 사용자 여정 속에 감동 포인트를 배치할 수 있다. 필요한 그래픽 요소는 미드저니에서 제작해 시각적 완성도를 높인다. 제작된 프로토타입은 기능 적합성보다는 '사용자가 감동을 받는 순간'을 확인하는 데 활용할 수 있다.

'What works?' 단계에서는 프로토타입을 고객이 실제로 사용하는 맥락과 환경에서 검증한다. 사용자가 서비스를 계속 이용하려는지, 다른 사람에게 추천하려는지는 서비스의 지속 가능성을 보여 주는 중요한 지표다. 믹스패널(Mixpanel)로 클릭률, 체류 시간, 이탈률 같은 행동 데이터를 수집하고, 옵티마이즐리(Optimizely)로 여러 옵션을 비교할 수 있다. 이를 토대로 행동 데이터와 성과 지표를 기준으로 기본 기능의 사용성을 개선하고 차별화된 경험을 추가하는 데 어떤 부분에 우선순위를 두어야 할지 결정할 수 있다.

반복된 실험과 검증을 통해 쌓인 학습은 경험 설계의 방향을 더욱 명확하게 한다. 경험 설계의 방향을 선명하게 한다. 사용자가 언급한 작은 신호는 아이디어로 발전시킬 수 있고, 프로토타입을 통해 실제 반응을 확인하는 과정을 반복한다. 이 과정에서 축적된 인사이트는 사용자의 재방문과 추천 행동을 유도하고, 장기적으로는 서비스에 대한 신뢰와 충성도를 쌓는 토대가 된다.

마음 속에 긋는 밑줄

카노 모델과 'What Wows?' 프레임워크는 사용자의 감동을 설계와 검증을 통해 만들 수 있다는 관점을 제시한다. 표면적으로 긍정적 반응이 나타나더라도 그 뒤에는 말로 표현하지 않은 기대나 작은 불만이 숨어 있다. 만족을 넘어서는 경험을 제공하려면 이러한 신호를 분석해 서비스 개선의 기회로 삼아야 한다. 사용자의 심리를 면밀히 파악하고 구조화하면 서비스 설계에 반영할 아이디어를 구체화할 수 있다.

고객 만족과 감동은 화면이나 웹사이트 디자인만으로 만들 수 없다. 사용자가 서비스를 접하는 순간은 내부 운영 체계와 연결되고 있으며, 두 영역이 함께 움직일 때 경험의 일관성을 유지할 수 있다. 고객 여정 지도는 접점의 과정을 보여 주지만, 그 배경의 협업과 프로세스가 원활하지 않으면 전체 경험의 일관성이 약해진다. 따라서 고객 접점 요소와 함께 내부 운영 체계를 설계해야 사용자가 신뢰할 수 있는 경험을 안정적으로 제공할 수 있을 것이다.

[실전 AI 툴키트] 피그마

피그마(https://www.figma.com/)는 웹 기반으로 UI/UX 설계와 프로토타이핑을 지원하는 협업형 디자인 도구다. 여러 사용자가 동시에 편집할 수 있어 효율적으로 피드백을 반영하고 버전을 관리할 수 있다.

주요 기능

- 텍스트 기반 디자인: 텍스트 프롬프트로 아이디어를 시안으로 전환하고, UI 레이아웃과 컴포넌트를 자동으로 생성한다.
- 실시간 협업: 여러 사용자가 같은 파일을 동시에 편집하며, 코멘트를 남기고 수정할 수 있으며 버전 관리 기능도 제공한다.
- 프로토타입 제작: 프로토타입과 코드 생성 기능을 제공하며, 결과물을 반응형 웹사이트로 배포(퍼블리싱)할 수 있다.
- 콘텐츠 및 일러스트: 브랜드 템플릿을 활용해 마케팅 콘텐츠를 자동으로 생성하고, 벡터 기반 일러스트와 브러시 그리고 패턴 도구를 제공한다.
- 연동과 공유: 스케치(Sketch), 어도비(Adobe) 등 주요 디자인 파일을 불러오거나 내보낼 수 있고 노션, 지라

(Jira) 같은 협업 툴과 연동해 워크플로를 효율화한다.

사용 방법

"회원가입 페이지 만들어 줘"와 같은 프롬프트를 입력하면 기본 레이아웃과 UI 요소 초안이 생성된다. 여러 사용자가 동시에 화면을 편집하고 코멘트를 남길 수 있다. 화면 전환과 버튼 인터랙션을 설정해 동작을 점검하며, 결과물은 링크나 QR 코드로 배포할 수 있다.

활용 팁

피그잼 보드에서는 사용자 여정, 감정 맵, 아이디어 클러스터링을 시각화해 아이디어를 도출한다. 버튼, 색상, 폰트 같은 반복 요소는 컴포넌트 라이브러리에 등록해 브랜드 스타일을 유지할 수 있다. MCP 서버를 활용하면 VS 코드 같은 코딩 도구가 디자인 컨텍스트를 읽고 코드를 자동으로 생성할 수 있다.

참고문헌

명지예(2022.1.24). "뱅크샐러드, 가계부앱 노하우 살려 똑똑한 소비 도와". 머니투데이.
www.mk.co.kr/news/special-edition/10194255

문예령 외(2024). "N-gram 프레임워크 기반 F&B 분야 감성사전 구축 연구". 《한국컴퓨터정보학회논문지》, 29(10), 11~19쪽.
https://doi.org/10.9708/jksci.2024.29.10.011

이창섭(2025.6.11). "뱅크샐러드, 마이데이터 2.0 도입… AI 서비스 혁신 가속". 머니투데이.
https://news.mt.co.kr/mtview.php?no=2025061109110234055

이한진·이예은(2024). "참여평가 프로세스를 통한 오디오 생성형 AI 사용패턴 분석의 탐색적 연구". 《한국컴퓨터정보학회논문지》, 29(4), 47~54쪽.
https://doi.org/10.9708/jksci.2024.29.04.047

황예림(2025.1.21). "뱅크샐러드, 마이데이터에 AI 결합한 '토핑+' 혁신금융서비스 지정". 머니투데이.
https://news.mt.co.kr/mtview.php?no=2025012110302687127

Kano, N., et al.(1984). Attractive Quality and Must-Be Quality. *Journal of the Japanese Society for Quality Control, 14*(2), pp.147~156.
https://doi.org/10.20684/quality.14.2_147

Lee, H., et al.(2025). Exploring Stakeholder Positions in AI-Powered Culture and Arts Education. In Jung, T. et al.(eds.). *XR and Metaverse*. Springer.
https://doi.org/10.1007/978-3-031-77975-6_9

Liedtka, J. & Ogilvie, T.(2011). *Designing for Growth: A Design Thinking Tool Kit for Managers*. Columbia Business School Publishing.

Liedtka, J. & Ogilvie, T. (2014). *The Designing for Growth Field Book: A Step-by-Step Project Guide*. Columbia Business School Publishing.

08
서비스 여정 지도

고객이 경험하는 서비스는 사실 표면에 드러난 일부 장면에 불과하다. 그 이면에는 마케팅, IT, 물류, 고객 지원 등 여러 부서가 얽혀 있는 운영 체계가 있다. 서비스 블루프린트는 보이지 않는 내부 구조까지 시각화하여, 고객 접점에서 내부 지원 프로세스까지의 활동과 경계를 보여 준다. 이를 통해 각 부서의 역할과 상호작용, 단절 지점을 파악할 수 있고 연결 방식을 개선하여 전반적인 고객 경험을 제고할 수 있다.

AI와 인재 채용?

보이지 않는 균열

고객 여정을 꼼꼼히 분석해도 이탈률은 쉽게 줄지 않는다. 결제 단계에서 고객이 많이 이탈하지만, 그 원인이 기술적 지연인지, 부서 간 소통의 단절인지 확인하기 어렵다. 고객이 경험하는 접점의 이면에는 마케팅, IT, 물류, 고객 지원 등 복잡한 프로세스가 얽혀 있다. 그러나 고객 여정 지도는 겉으로 발생한 현상만 보여줄 뿐, 그 배경에서 일어나는 부서 간 충돌이나 시스템 연동 오류까지 파악하는 데 한계가 있다.

각 부서가 자신의 역할에 최선을 다해도 고객 경험은 일관되지 않을 수 있다. 고객 여정은 외부 접점을 중심으로 진행되기 때문에, 내부 운영 시스템과의 연결고리는 쉽게 드러나지 않는다. 고객 경험은 여러 활동이 긴밀히 맞물릴 때 완성되지만, 어느 한 부분이 미흡하면 전체 경험의 일관성이 흔들린다. 보이지 않는 단절을 파악하려면 고객 여정뿐 아니라 서비스 전체 운영 흐름을 함께 살펴야 한다. 서비스 블루프린트를 활용하면 고객 접점의 이면에서 단절된 지점을 확인하고 개선하여 경험의 일관성을 강화할 수 있다.

무대 뒤의 설계도

고객 여정 지도는 '무슨 일이 고객에게 보이는가'를 보여준다(이한진 외, 2021). 그러나 '왜 그런 일이 발생하는가'를 구조적으로 이해하기 위해서는 서비스 블루프린트를 참고해야 한다. 고객 여정 지도가 표면적 경험을 추적한다면, 블루프린트는 그 경험을 지탱하는 내부 구조를 설명한다. 결제 단계 이탈은 가시성의 선 아래, 즉 고객 눈에 보이지 않는 내부 활동 속에서 비롯되는 경우가 많다. 서비스 블루프린트는 이 영역을 설명해 서비스 운영 전반의 문제를 탐색할 수 있게 한다(Shostack, 1984).

블루프린트는 고객 경험을 구성하는 다섯 가지 요소로 이루어진다. 먼저 고객이 직접 마주하는 영역에는 매장 인테리어와 앱 화면 같은 물리적 증거, 상품 검색과 결제 같은 고객 행동이 있다. 이를 뒷받침하는 직원 활동은 두 층으로 나뉜다. 상담과 안내처럼 고객 앞에서 수행되는 전면 접촉 활동, 재고 확인과 승인 처리처럼 고객에게 보이지 않는 후면 접촉 활동이다. 마지막으로 지원 프로세스는 시스템 운영과 정책 수립을 통해 전체 서비스를 보이지 않는 곳에서 유지한다(Zeithaml, V. A., et al., 2018).

서비스는 무형성, 가변성, 소멸성이라는 고유한 특성이 있다. 무형성 때문에 고객은 사전에 품질을 확인하기 어렵고, 가변성은 같은 직원이 서비스를 제공해도 태도나 상황에 따라 경험이 달라지는 속성을 의미한다. 소멸성은 항공 좌석이나 호텔 객실처럼 한 번 사용하지 않으면 가치가 사라지는 특성이다. 이러한 특성은 서비스를 본질적으로 불안정하고 복잡하게 만들며, 고객, 직원, 그리고 기술이 실시간으로 상호작용하기 때문에 관리 난이도는 더욱 높아진다. 서비스 블루프린트는 이런 특성을 지닌 서비스를 체계적으로 설계하고 운영하기 위한 도구다. 각 요소와 프로세스의 관계를 시각화해 고객 경험의 전체 구조를 이해할 수 있게 한다.

블루프린트는 고객 경험과 내부 활동을 구분하는 기준선으로 이루어진다. 가시성의 선은 고객이 직접 경험하는 영역과 내부 운영 영역을 나누어, 매장 진열대와 그 뒤 창고 작업처럼 '보이는 활동'과 '보이지 않는 활동'을 구별한다. 상호작용의 선은 고객과 직원이 만나는 지점을 표시한다. 매장 카운터나 고객센터 통화처럼 고객과 직접 연결되는 접점이 여기에 해당한다. 내부 상호작용의 선은 직원과 지원 프로세스 간의 연계를 구분한다. 가령, 상담 직원이 물류팀에 재고를 확인하는 과정은 이 선 아래에서 이루어지는 내부 협업 활동이다. 주문 침투선은 고객 주문 전 미리 준비할 수 있는 활동과 주문 후 개별 요구를 반영해야 하는 활동을 나누며, 서비스의 표준화와 개인화 수준을 정하는 기준으로 활용할 수 있다(Flieβ & Kleinaltenkamp, 2019).

여러 경계선이 만나는 지점에서는 서비스 품질을 좌우하는 '진실의 순간(MoT)'이 생긴다. 서로 다른 부서와 이해관계자가 책임을 공유하는 이음새는 특히 취약한 지점이다. 여기서 커뮤니케이션 오류나 프로세스 단절이 일어나면 즉각적으로 서비스 실패로 이어진다. 진실의 순간을 효과적으로 관리하면 다양한 주체가 참여하는 상황에서도 협업을 통해 개선 기회를 찾을 수 있다. 플랫폼이나 생태계 기반 서비스처럼 다자 관계를 고려해야 하는 환경에서는, 블루프린트의 경계선이 각 주체의 활동과 책임을 시각화하는 틀로 작동하며, 전체 서비스 품질을 높이는 도구로 활용할 수 있다.

세 갈래 길의 조율

2020년 배달의민족은 AI 추천 배차 시스템을 도입하며 서비스 혁신을 시도했다. 도입 이전에 라이더는 길 위에서 스마트폰을 확인하며 직접 주문을 선택해야 했다. 고객은 음식이 언제 도착할지 알 수 없어 불안했고, 음식점은 조리를 마친 뒤에도 라이더가 제때 오지 않으면 음식을 식지 않게 보관해야 했다. 이러한 문제는 다른 주문의 준비까지 지연시키며 서비스 전체의 흐름을 흔들었다. 배달 서비스는 고객, 음식점, 라이더를 연결하는 구조인데, 각 주체가 서로 다른 목표와 방식으로 움직이며 균형이 쉽게 무너졌다. AI 추천 배차는 라이더에게 실시간으로 최적 경로를 제안해 이런 불균형을 완화하려는 시도였다(문수아, 2025).

당시 불균형은 주체마다 다르게 인식되는 활동의 경계에서 특히 두드러졌다. 음식점의 조리 과정은 고객이 알 수 없었고, 라이더의 이동 경로만 실시간으로 확인됐다. 고객은 "라이더가 왜 늦는가"만 체감했을 뿐, 음식 준비의 지연 문제는 알 길이 없었다. 이런 가시성 차이 때문에 고객의 불안이 커졌고, 대기 시간 부담도 함께 늘어났다.

또 다른 문제는 주문 분기점에서 발생했다. 음식점은 재료 손질과 기본 조리를 미리 준비할 수 있었지만, 주문이 몰리면 지연이 발생했고, 라이더는 현장에서 경로를 급하게 다시 조정해야 했다. 고객은 주문 후 배달 상황을 통제할 수 없어 무작정 대기해야 했다.

무엇보다 서비스 품질이 갈리는 진실의 순간에서 변화가 두드러졌다. 라이더 배차 시점과 음식 조리 완료 시점이 맞지 않으면 연쇄 지연이 이어졌고, 그 불만은 고스

란히 고객 센터로 집중되었다. AI 추천 배차가 도입된 뒤에는 라이더에게 최적 경로가 실시간으로 제안되면서 조리와 배차의 불일치가 줄었다. 그 결과 평균 배달 시간은 11% 단축되고, 라이더 사고율도 47% 감소하는 성과를 거두었다. 이처럼 문제로 지적되던 접점이 서비스 개선의 결정적인 계기로 전환된 것이다(성호경, 2021).

서로 다른 주체의 활동은 때로는 긴밀하게 맞물리기도 하고 엇갈리기도 하는데, 이런 역동적인 흐름 속에서 전체 서비스가 작동한다. 고객은 도착 시간을 알고 싶어 했고, 음식점은 준비 과정을 안정적으로 유지하려 했으며, 라이더는 안전하게 동선을 관리하려 했다. 플랫폼은 이러한 충돌 지점을 구분해 조정했고, 시스템이 잘 설계되었을 때 전체 흐름이 끊기지 않고 자연스럽게 이어질 수 있었다.

데이터의 연결 고리

고객 경험을 분석할 때는 방대한 자료 속에서 반복되는 의미 있는 패턴을 발견해야 한다. 과거에는 고객 인터뷰 20건을 정리하려면 분석가가 며칠 동안 대조하고 분류해야 했다. 하지만 이제 챗GPT나 제미나이와 같은 AI 도구에 자료를 입력하면, 고객이 겪는 불편과 그에 따른 감정 변화를 시간 순서대로 신속하게 분석하고 정리할 수 있다. 가령, '주문 지연'이라는 불만 사항이 언제 등장했고, 그 순간 고객의 감정이 어떻게 변화했는지 확인할 수 있다. 또한 어떤 활동이 고객과 직접 마주하는 순간에 영향을 주는지, 어떤 활동은 미리 준비되는지 구분할 수 있다.

분석 결과를 서비스 블루프린트 설계에 활용할 수 있다. 블루프린트의 다섯 가지 영역을 가로축으로 설정하고, 고객 여정을 세로축으로 배열한 매트릭스 형태로 구성한다. 미로나 피그마 같은 협업 도구를 활용하면 각 영역에 활동, 문제, 접점 정보를 배치할 수 있어, 설계 초기부터 운영에 필요한 요소를 파악할 수 있다. 팀원이 내용을 실시간으로 수정하고 의견을 공유할 수 있어, 회의 시간을 줄이는 동시에 피드백을 즉시 반영할 수 있다.

실행 단계에서는 특정 사건이 발생하면 후속 조치가 자동으로 진행되도록 설정할 수 있다. 자피어(Zapier)나 메이크(Make) 같은 자동화 도구를 활용하면, 온라인 주문이 접수되는 순간 고객에게 확인 메시지가 즉시 발송되고 재고 관리 시스템에서는 수량이 자동 차감된다. 이어서 배송팀에는 처리 알림이 전달되고, 필요에 따라 마케팅팀에는 신규 구매자 쿠폰이 발송되며, 고객센터에는 주문 기록이 자동으로 등록된다. 과거에는 담당자가 각각 확인하고 입력해야 했지만, 자동화 덕분에 이 모든 과정을 효율적으로 관리할 수 있다. 자동화를 통해 고객은 빠르게 원하는 응답을 얻고, 내부에서는 누락이나 지연 같은 오류를 최소화할 수 있다(채봉수 외, 2024).

중심을 잡는 축

서비스 블루프린트를 활용하면 고객 여정 분석만으로는 확인하기 어려운 보이지 않는 문제를 파악하고 개선할 수 있다. 가시성의 선을 통해 고객이 직접 보는 영역과 내부 운영을 구분하고, 주문 침투선으로 미리 준비할 활동과 개별 요청에 따라 처리할 활동을 구분한다. 여러 부서가 만나는 이음새에서는 업무 지시가 제대로 전달되지 않아 혼선이 생기거나, 각 부서가 수행해야 할 작업이 계획대로 이어지지 않아 일정이 지연되는 경우가 자주 발생한다. 하지만 이 구간을 관리하고 조정하면 오히려 운영 시스템을 개선할 수 있는 기회로 전환할 수 있다.

하지만 방법론과 도구만으로는 원하는 변화를 가져오는데 한계가 있다. 블루프린트의 각 요소를 어떻게 배치하고, 경계선을 어디에 설정할지 결정하는 기준이 필요하며, 이러한 기준을 설정하고 지속적으로 실행하는 것은 리더의 중요한 역할이다. 리더는 반복 패턴을 분석하여 전략으로 전환하고, 구성원이 실패를 두려워하지 않고 새로운 시도를 할 수 있는 문화를 구축하는 데 집중해야 한다. 나아가 일하는 방식, 문제 해결, 학습 시스템 등 전체 프로세스와 시스템을 설계하고 운영할 수 있어야 한다.

[실전 AI 툴키트] 메이크

메이크(https://www.make.com/)는 비개발자도 시각적으로 복잡한 자동화 워크플로를 설계하고 실행할 수 있는 노코드 자동화 플랫폼이다. 드래그 앤 드롭 방식의 화면에서 블록을 연결하듯 시나리오를 구성하며, 외부 서비스와 연계해 반복 업무를 자동화한다.

주요 기능

- AI 연동 자동화: 챗GPT, 제미나이, 노션 등과 연계하여 자동 요약, 콘텐츠 생성, 분류, 태깅, 메시지 생성 등을 실행한다.
- 워크플로 설계: 트리거, 액션, 그리고 조건을 블록으로 연결해 워크플로를 구성하며, 실행 순서와 분기 조건을 한눈에 확인할 수 있다.
- 광범위한 앱 통합: 구글 워크스페이스, 슬랙(Slack), 노

션, 지라, 피그마 등 앱과 네이티브 연동을 지원하며, API로 통합해 활용한다.

- 팀 협업 기능: 동시에 내용을 편집하고 피드백을 주고받는 기능을 지원해 워크플로를 간소화할 수 있다.
- 고급 조건 처리 및 에러 핸들링: 필터, 브랜치, 반복문, 오류 처리 경로 설정으로 복잡한 로직과 예외 상황을 반영할 수 있다.
- 사용자 정의 트리거와 액션: 특정 시간, 이벤트, 데이터 변경 시 자동 실행되는 규칙을 설정하고 후속 작업을 연결할 수 있다.

사용 방법

템플릿 갤러리에서 원하는 자동화 워크플로를 선택하거나, 직접 원하는 워크플로를 설정할 수 있다. '이메일 수신→첨부 파일 저장→요약 생성→슬랙 알림'과 같은 시나리오를 모듈로 연결한다. 각 앱의 인증을 완료하고 트리거 조건과 필터를 설정한 뒤, 작동 여부를 테스트하여 확인한다.

활용 팁

사용자 인터뷰 요약, 아이디어 수집 및 정리, 사용자 여정 시각화 등 디자인 싱킹 각 단계에서 반복 작업을 자동화한다. 결과물을 슬랙, 노션, 지라에 자동으로 연동하면 협업과 커뮤니케이션의 효율을 향상시킬 수 있다. 챗GPT, 제미나이 등과 API로 연계해 자동 분류, 요약, 이메일 작성 등 반복적인 작업을 최소화할 수 있다. 사용자 행동 데이터를 자동으로 수집하고 시각화하면, 프로토타입 테스트 후 개선 사항에 대한 인사이트를 빠르게 확보할 수 있다.

참고문헌

문수아(2025.3.19). "[AI 리테일 트랜스포머] ③ 우아한형제들". 대한경제. https://www.dnews.co.kr/uhtml/view.jsp?idxno=202503171030213910323

성호경(2021.6.22). "라이더 사고율을 47% 줄인 기술". 배민다움. https://story.baemin.com/980/

이한진 외(2021). "모바일 식품구매 서비스 고객여정의 경험만족도에 관한 실증연구". 《Journal of Information Technology Applications & Management》, 28(4), 59~78쪽. https://doi.org/10.21219/JITAM.2021.28.4.059

채봉수 외(2024). "신규 배달앱 서비스의 Z세대 이용자 활성화 방안 사례연구: SPC 해피오더 시장분석 기반 사용성개선 제안을 중심으로". 《문화기술의 융합》, 10(5), 445~452쪽. https://doi.org/10.17703/JCCT.2024.10.5.445

Bitner, M. J., et al.(2008). Service blueprinting: A practical technique for service innovation. *California Management Review, 50*(3), pp.66~94.

Shostack, G. L.(1984). Designing services that deliver. *Harvard Business Review*, pp.133~139.
https://hbr.org/1984/01/designing-services-that-deliver

Zeithaml, V. A., et al.(2018). *Services marketing: Integrating customer focus across the firm(7th ed.).* McGraw-Hill Education.

09
혁신의 건축가

조직의 지속적 성장을 위해 리더는 머리(전략), 가슴(가치), 손(실행)의 균형을 이루어야 한다. 구성원 간 신뢰와 명확한 의사 결정이 이런 균형을 뒷받침할 수 있다. 리더는 토대를 마련하고 전략적 사고와 인간적 공감을 결합해 우선순위를 설정해야 한다. 그리고 구성원에게 방향을 제시하며 균형 잡힌 리더십이 조직 문화로 자리 잡도록 이끌어야 한다.

AI와 기자?

변화하지 않는 조직

AX 트랜스포메이션 완료를 선언했지만, 여전히 조직 내부에 의미 있는 변화는 나타나지 않는다. AI 도구를 도입했지만 업무 방식은 크게 달라지지 않았고, 혁신을 거듭 강조해도 아이디어는 실행 단계로 진전되지 않는다. 조직은 "더 좋은 기술을 도입하면 문제가 해결된다"고 믿지만, 기술 투자가 늘수록 기대와 현실의 간극이 오히려 커지는 역설에 직면한다.

이러한 간극은 기술 도입과 조직 변화를 분리해 접근하는 관점에서 비롯된다. 협력 방식, 의사 결정 권한, 정보 흐름을 재설계해야 기술 도입과 함께 조직이 변화할 수 있다. 리더는 소통, 협업, 실행 과정에서 조직이 학습하고 변화할 수 있는 환경을 구축하는 데 집중해야 한다. 전략적 사고, 인간 중심 가치, 실행력이 통합될 때 비로소 실질적인 변화에 도달할 수 있다.

머리에서 손끝까지

리더가 머리에만 의존하거나 감정을 외면하거나 실행을 미루는 태도를 보이면, 리더십을 제대로 발휘하는 데 제약이 생긴다. 리더십은 머리-가슴-손이 조화를 이룰 때 혁신의 방향을 제시하고 변화를 이끌 수 있다. 머리는 전략적 사고를, 가슴은 공감과 소통을, 손은 실행과 행동을 뜻한다. 이 요소가 함께 작동할 때, 균형 잡힌 리더로 성장할 수 있다.

머리는 데이터를 해석하고 시장의 흐름을 관찰하며, 복잡한 문제 속에서 핵심 요인을 구분한다. 문제를 마주했을 때 표면적인 현상에 집중하지 않고 여러 요인을 종합해 근본 원인을 파악하는 것이 머리의 역할이다. 그러나 전략이 정교하더라도 구성원의 신뢰와 지지를 얻지 못하면 실행은 지속되기 어렵다. 이때 가슴은 공감과 신뢰를 통해 전략을 보완한다. 조직 개편 과정에서 효율성만 강조하면 팀원은 불안을 느낀다. 리더가 변화의 필요성을 설명하고 개인의 성장 기회를 제시하며, 자신의 한계를 감추지 않을 때 구성원은 변화를 수용한다. 전략과 공감이 준비되었더라도 실행으로 이어지지 않으면 실제 변화는 일어나지 않는다. 따라서 리더는 목표를 단계별로 세우고, 각자의 역할을 구체적으로 정하며, 정기적으로 점검하고 필요할 경우 방향을 조정해야 한다. 머리의 전략, 가슴의 공감, 손의 실행이 결합될 때 리더십은 조직을 운영하는 동력으로 작동한다.

하지만 리더 개인의 역량만으로는 한계가 있다. 머리-가슴-손의 균형 잡힌 리더십이 조직 전체로 확산되려면 혁신을 뒷받침하는 문화가 마련되어야 한다. 혁신은 학습과 실행을 반복하는 과정에서 지속적으로 발전할 수 있다. 이를 가능하게 하는 조건이 심리적 안전감이다. 심리적 안전감은 집단이 대인 관계적 위험을 감수해도 안전하다고 믿는 공유된 신념을 뜻한다. 이런 환경에서는 실패를 두려워하지 않고 새로운 실험에 나서며 도전을 이어 간다. 이렇게 축적된 경험은 학습으로 이어지고, 조직의 혁신 성과를 높인다. 심리적 안전감을 유지하려면 안전 수준을 정기적으로 점검하고 다양한 의견을 듣고 리더가 행동 기준을 분명히 제시해야 한다. 이런 기반이 마련되면 조직은 학습하는 집단으로 성장하고, 구성원의 역량도 지속적으로 강화된다(Edmondson, 2018).

기존 방식에 익숙한 조직일수록 혁신 문화를 세우기는 쉽지 않다. 실패를 피하려는 부담이 크고, 성과 평가 방식이 안전한 선택을 강화한다. 부서 간 벽은 협업을 약화시키고, 복잡한 의사 결정 절차는 추진 속도를 늦춘다. 이런 상황에서는 작은 시도부터 시작해 성공 사례를 하나씩 쌓아갈 수 있어야 한다. 새로운 업무 방식을 실험하고 그 결과를 공유하면 변화가 점진적으로 확산된다. 아이디어를 빠르게 적용하고 실패를 학습 과정으로 전환해 성과와 연결해야 한다. 배움에 초점을 맞출 때 조직은 과감한 도전을 시도하는 경향을 보인다.

혁신 문화가 정착되면 장기 전략을 설계할 때 백캐스팅(Backcasting) 기법을 활용할 수 있다. 이 방법은 '무엇이 일어날 것인가'를 묻지 않고 '어떻게 바람직한 미래를 만들 것인가'를 질문하며 문제를 풀어 간다(Dreborg, 1996). 포캐스팅이 현재의 연장선에서 미래를 예측하는 방식이라면, 백캐스팅은 정밀한 예측보다 새로운 해결 경로를 찾는 데 강점이 있다. 미래의 비전에서 출발해 현재로 거슬러 올라가며 실행 방안을 도출하기 때문에 기존 전략 수립 방식과는 뚜렷하게 구별된다.

가치와 기술의 조화

기업이 지속적으로 성장하려면 전략을 실현하는 기술력(머리), 가치 철학(가슴), 이를 뒷받침하는 실행력(손)이 균형을 이뤄야 한다. 이 세 가지가 실제로 어떻게 사업 성과로 연결되는지는 2005년 설립된 수공예품 플랫폼 엣시(Etsy) 사례에서 확인할 수 있다. 엣시는 분명한 가치 철학에 기술력과 실행력을 더해 전 세계적 브랜드로 성장했다.

엣시는 기술을 거래 속도를 높이거나 검색 과정을 편리하게 만드는 수준에 머무르지 않았다. 기술을 브랜드 가치를 실현하는 수단으로 활용했다. 추천 시스템은 많이 팔리는 상품을 일괄적으로 제시하기보다 사용자의 브라우징 패턴과 구매 이력을 분석하여 새로운 취향을 발견할 기회를 마련했다. 이렇게 사용자는 예상치 못한 독창적인 상품과 연결되면서 플랫폼과 더 깊이 관계를 맺을 수 있었다. 또 엣시는 규정에 맞지 않는 상품을 적극적으로 걸러냈다. 대량 생산품이나 저작권을 침해한 제품을 차단해 수공예품이 중심이 되는 환경을 유지했다. 기술은 엣시가 지향하는 브랜드 철학을 구현하는 기반이 되었다.

기술만으로는 한계가 있었다. 엣시는 "상거래를 인간적으로 유지한다(Keep Commerce Human)"는 사명을 내세웠다(Silverman, 2017). 이 사명은 거래 규모를 크게 늘리는 데만 집중하지 않겠다는 뜻이었다. 대신 판매자와 구매자가 단순한 교환 관계를 넘어, 서로의 이야기를 나누고 공감을 주고받는 경험을 지켜 내겠다는 약속이었다. 당시 이커머스 시장은 다른 방향으로 움직이고 있었다. 대량 생산품을 가능한 한 저렴하게 공급하는 구조가 빠르게 확산되었고, 자동화된 물류 시스템과 광고 알고리즘이 거래의 기준으로 자리 잡아 가고 있었다. 이런 흐름은 효율과 속도를 높였지만, 그 과정에서 개별 창작자의 목소리와 제품에 담긴 이야기는 점점 설 자리를 잃어 갔다. 엣시는 이러한 상황 속에서 다른 길을 선택했다. 가격 경쟁으로 맞서기보다 창작자의 개성과 상품에 담긴 스토리를 존중하겠다고 선언한 것이다. 그들은 공장에서 찍어 낸 물건이 생활을 지배하는 현실에서, 손으로 만든 물건이 지닌 정성과 희소성이야말로 엣시가 존재해야 하는 이유라고 강조했다.

기술과 철학이 실제 변화를 이루려면 창작자가 활동할 기반이 필요했다. 엣시는 창작자가 자신의 작업을 취미 차원에 머무르지 않고, 지속가능한 사업으로 발전시킬 수 있도록 다양한 지원을 마련했다. 온라인에서는 사진 촬영 방법, 가격 책정 방식, 해외 배송 절차와 같은 실무 지식을 다루는 교육 과정을 열어 창작자가 스스로 사업을 운영할 수 있는 능력을 키우게 했다. 오프라인에서는 워크숍과 크래프트 페어를 개최해 창작자가 직접 만나 경험을 나누고, 작품을 시장에 선보일 기회를 제공했다. 이처럼 학습의 기회, 교류의 장, 판매의 무대가 연결되면서 창작자 네트워크는 점차 확장되었다. 플랫폼 정책에서도 같은 원칙을 지켰다. 상품을 등록할 때는 제작 과정을 구체적으로 공개하도록 하고, 독창적인 작품만 허용하는 기준을 엄격히 적용했다. 엣시는 이를 통해 창작자를 중심에 두겠다는 방향을 분명히 했다.

성장 과정에서 시행착오도 있었다. 2013년 엣시는 새로운 정책을 도입해 창작자가 소규모 외부 생산자와 협업할 수 있도록 허용했다. 이 조치는 창작자 개인이 감당해야 하는 생산 부담을 덜고, 더 넓은 시장에 진출할 기회를 마련하려는 의도였다. 그러나 정책 시행 후 예상하지 못한 문제가 나타났다. 외부 생산자가 개입하는 과정에서 대량 생산품이 플랫폼에 들어오기 시작한 것이다. 이용자와 언론은 곧바로 "핸드메이드 정체성이 흔들린다"는 비판을 제기했고, 엣시가 그동안 지켜 온 브랜드 가치가 위협받는 상황에 직면했다. 매출 확대와 철학적 원칙 사이에서 균형을 잃은 이 사건은, 앞으로 회사를 어디로 이끌어야 하는지에 대한 근본적인 질문을 던졌다. 2017년 CEO가 교체된 뒤 회사는 과거와 같은 구호 반복에 머물지 않았다. 플랫폼 운영 방식을 구체적으로 다듬고, 정책 집행을 강화하기 시작했다. 규정을 위반한 상품을 빠르게 정리하면서 시장의 신뢰를 회복하려 했고, 동시에 창작자의 개성이 구현된 작품을 다시 전면에 내세웠다. 엣시는 이렇게 방향을 전환하며, 브랜드 철학을 실제 전략으로 구현하려 했다.

엣시는 데이터 분석을 통해 전략적 방향을 잡고, 창작

자와의 소통을 통해 공감을 더했으며, 구체적인 정책을 통해 실현했다. 이렇게 전략, 관계, 실행이 맞물리면서 선순환 구조가 만들어졌다. 이러한 접근은 시행착오를 거듭한 끝에 비즈니스 성과로 이어졌다. 2024년 말 기준, 엣시 마켓플레이스에는 약 560만 명의 활성 판매자와 8960만 명의 활성 구매자가 활동한다(Danziger, 2024). 이는 대형 플랫폼이 지배하는 환경에서도 창작자를 중심에 둔 모델이 어떻게 힘을 발휘할 수 있는지를 보여 주고 있다.

보이지 않는 것을 보는 지표

머리-가슴-손 프레임워크를 실제로 구현하려면, 보이지 않는 신호를 데이터로 전환해야 한다. 머리는 데이터를 분석해 전략적 방향을 잡고, 가슴은 구성원과의 소통을 통해 공감을 형성하며, 손은 구체적인 실행으로 이를 현실에 옮긴다. 리더는 이 세 영역이 따로 움직이지 않도록 연결해야 한다. 특히 문제가 겉으로 표현되기 전에 작은 신호를 읽어 내고, 적절한 시점에 개입할 수 있어야 한다.

"우리 팀이 어떤 상태인가?"를 확인하는 방식은 과거와 크게 달라졌다. 예전에는 개별 면담이나 연례 설문에 의존했지만, 지금은 팀원이 매주 답하는 짧은 질문 몇 가지로도 상황을 실시간으로 살필 수 있다. 가령 "이번 주 업무량이 적절했는가?", "팀 내 소통이 원활했는가?", "새로운 아이디어를 자유롭게 제안할 수 있었는가?"와 같은 질문으로 구성된 주간 체크인을 활용할 수 있다.

또한 슬랙이나 MS 팀즈(MS Teams)의 대화 내용과 회의록 같은 자료도 함께 모을 수 있다. 이 기록을 챗GPT나 제미나이에 입력해 "지난 2주간 팀 회의록 10건에서 갈등 징후나 참여도 변화를 찾아 달라"와 같은 요청을 하면, 발언 빈도와 의견 충돌 지점, 결정 지연 사례가 시간순으로 정리되어 주목해야 할 영역을 파악할 수 있다. 이렇게 얻은 분석 결과와 체크인 데이터를 노션 같은 관리 도구에 정리하면 팀 상황을 한눈에 확인할 수 있는 대시보드가 만들어진다. 대시보드는 현황뿐만 아니라 반복되는 패턴을 확인하며 이를 백캐스팅 목표와 연결해 장기 계획을 수립하는 기반으로 활용할 수 있다.

문제를 발견하면 곧바로 조정을 시작한다. 이를테면 노션 대시보드에 "전략 업무 20%, 실행 업무 80%"라는 패턴이 나타날 때는 시간 배분 방식을 다시 설계한다. 팀원의 스트레스 지수가 2주 연속 상승하면 업무량을 줄이거나 마감일을 조정한다. 팀 대화에서 부정적인 분위기가 이어질 경우 회의 방식을 바꾼다. 진행 상황만 나열하는 보고 대신, 문제 해결을 중심으로 토론하는 방식으로 전환한다. 심리적 안전감 지수가 낮아지면 1:1 면담을 늘리고, 팀원의 성과를 공개적으로 공유한다. 실패를 학습 기회로 바라볼 수 있도록 독려하는 활동도 강화한다.

이러한 단기 조정은 장기 전략 수립으로 이어진다. "6개월 후 우리 팀이 스스로 혁신을 이끌려면 지금 무엇을 바꿔야 할까?"라는 질문을 출발점으로 삼는다. 이어서 "팀원 주도 프로젝트 비율 60%, 심리적 안전감 지수 4.5점 이상"과 같은 목표를 노션에 설정하고, 현재 상태와 비교한다. 그 차이를 기준으로 단계별 계획을 역산해 구체적인 실행 로드맵을 마련한다.

이러한 과정에서 n8n(엔에이트엔) 같은 자동화 도구를 활용하면 데이터 흐름을 한 번에 관리할 수 있다. 노션에 주간 체크인 데이터와 백캐스팅 목표를 저장해 두면, 엔에이트엔이 이 정보를 주기적으로 불러와 챗GPT나 제미나이에 전달한다. 분석이 끝나면 n8n은 결과를 다시 노션 대시보드에 기록해 전략과 실행 업무의 비율과 감정 지수를 시각화한다. 기준을 넘는 수치가 나타나면 n8n이 자동으로 알림까지 보낸다. 이렇게 n8n이 데이터 수집부터 분석, 결과 기록, 알림 발송까지 전 과정을 자동화하기 때문에 리더는 언제 개입해야 하는지만 확인하면 된다.

팀 운영은 정해진 주기에 따라 지속적으로 점검해야 한다. 매주 팀 상황을 확인하고, 한 달마다 중간 목표 달성도를 검토하며, 분기마다 백캐스팅 계획을 다시 점검한다. 그러나 이런 워크플로를 제대로 실행하려면 데이터 보안과 팀의 수용성을 확보해야 한다. 목표가 불명확하면 데이터 수집은 금세 형식적 절차로 변하고, 팀원에게는 불필요한 부담만 남기게 된다. 따라서 데이터를 왜 모으는지 투명하게 공유해야 하며, 팀원이 자발적으로 참여할 수 있는 분위기도 마련해야 한다.

성찰하는 리더

머리-가슴-손 프레임워크는 리더십을 실행 가능한 방법론으로 전환하는 도구로 활용된다. 조직이 변화하지 못하는 이유는 기술 도입과 문화적 변화를 별개로 다루기 때문이다. 리더는 조직의 미세한 신호를 감지하고 문제가 본격화되기 전에 개입해야 한다. 리더는 데이터를 기반으로 분석하고 개선하는 과정을 통해 성장할 수 있다.

리더가 균형 잡힌 태도를 보이더라도 조직 전반의 뒷받침이 없다면 변화는 오래 지속되지 않는다. 머리-가슴-손의 조화가 조직 문화로 확산되려면 제도와 시스템이 함께 움직여야 한다. 부서 간 협력은 물론 외부 파트너까지 아우르는 협력 체계를 마련해야 한다. 혁신 프레임워크가 개인의 역량을 넘어 조직의 DNA가 될 때 실질적인 변화로 이어진다.

[실전 AI 툴키트] n8n

n8n(https://n8n.io/)은 워크플로 자동화를 통해 다양한 도구와 데이터를 연결하고, 반복되는 작업을 줄이는 데 중점을 둔 오픈소스 플랫폼이다. AI 도구와 통합하면 고객 피드백, 팀 활동 기록, 프로젝트 진행 현황을 자동으로 수집하고 분석하여 대시보드에 시각화하고, 조직은 이를 바탕으로 의사 결정을 더 빠르고 정확하게 내릴 수 있다.

주요 기능

- 데이터 흐름 자동화: 노션, 슬랙, 구글 시트 등 다양한 도구를 연결해 정보를 실시간으로 동기화한다. 반복 작업을 줄이고 데이터 흐름을 단순화한다.
- AI 분석 자동화: 챗GPT나 제미나이 API에 데이터를 전달하면, 분석 결과가 대시보드와 알림 시스템에 반영된다. 이때 분석은 AI가 담당하고 n8n은 전체 과정을 하

나의 흐름으로 운영한다.
- 조건부 알림 시스템: 특정 임계값이나 패턴이 감지되면 관련자에게 알림을 보내고, 트리거하는 규칙을 설정할 수 있다.
- 크로스 플랫폼 통합: 다양한 앱과 서비스를 연결해 기존 도구를 하나의 자동화 체계로 묶는다.

사용 방법

노션, 슬랙 같은 도구를 연결해 여러 곳에 흩어진 데이터를 한곳으로 모을 수 있다. 수집한 데이터를 챗GPT나 제미나이 API와 연결하여 분석을 요청한다. 분석 결과를 받아 대시보드에 반영하거나 알림으로 전달하고, 기준치를 넘는 수치가 나타나면 경고 메시지를 보내고 설정되어 있는 조치를 자동으로 실행한다.

활용 팁

자동으로 수집하고 전송하는 기능과 AI 분석을 활용하면 최종적으로 분석된 결과만 확인할 수 있다. 복잡한 워크플로는 단계별로 안정성을 확보하면서 구축해야 한다. 요구 사항에 맞게 시스템을 커스터마이징할 수 있고, 워크플로의 로그와 성능을 정기적으로 모니터링하여 최적화할 수 있다.

참고문헌

Danziger, P. N.(2024.7.13). Etsy doubles down on handmade to build a moat around its marketplace. Forbes. https://www.forbes.com/sites/pamdanziger/2024/07/13/etsy-doubles-down-on-its-maker-mission-to-build-a-moat-around-its-marketplace/

Dreborg, K. H.(1996). Essence of backcasting. *Futures, 28*(9), pp.813~828. https://doi.org/10.1016/S0016-3287(96)00044-4

Edmondson, A. C.(2018). *The fearless organization: Creating psychological safety in the workplace for learning, innovation, and growth.* Wiley.

ABC News.(2015.3.6). Etsy CEO says IPO, mass production won't ruin website's 'handmade ethos'. ABC News. https://abcnews.go.com/Business/etsy-ceo-ipo-mass-production-ruin-websites-handmade/story?id=29416433

O'Reilly, C. A. & Tushman, M. L.(2013). Organizational ambidexterity: Past, present, and future. *Academy of Management Perspectives, 27*(4), pp.324~338. https://doi.org/10.5465/amp.2013.0025

Senge, P. M.(1990). *The fifth discipline: The art and practice of the learning organization.* Doubleday.

Silverman, J.(2017.10.18). Keeping commerce human: Having a positive impact on people and planet. Etsy News. https://www.etsy.com/news/keeping-commerce-human-having-a-positive-impact-on-people-and-planet

Teece, D. J., et al.(1997). Dynamic capabilities and strategic management. *Strategic Management Journal, 18*(7), pp.509~533. https://doi.org/10.1002/(SICI)1097-0266(199708)18:7〈509::AID-SMJ882〉3.0.CO;2-Z

10
지속가능한 혁신 설계

성공한 기업이라도 기존 방식을 고집하면 한계에 직면한다. 변화하는 시장에서는 과거의 성공이 오히려 발목을 잡을 수 있기 때문이다. 이런 상황을 피하려면 기존 사업을 유지하면서 새로운 기회를 탐색하고, 조직 활동을 전략에 맞게 조율하며, 외부 협력을 통해 지식 흐름을 원활하게 만들어야 한다. 이때 혁신은 지속가능한 시스템으로 발전하고, 조직은 변화 속에서도 새로운 기회를 확보할 수 있다.

AI와 미래 의사?

따라가기 어려운 이유

혁신에 성공한 기업을 보면 먼저 아이디어와 기술을 주목하게 된다. 하지만 변화를 지속시키는 힘은 조직 내부의 구조와 문화에서 비롯되는 경우가 많다. 이들 기업은 전략, 구조, 프로세스, 보상, 사람을 하나의 목표로 연결하고 원활한 협력을 통해 혁신을 지속적으로 구현하고 있다.

많은 기업이 혁신의 성공 사례를 연구하고 도입하려 하지만, 대부분 기대한 만큼 성과를 내지 못한다. 그 이유는 조직 문화와 운영 방식이 달라, 겉모습만 모방해서는 같은 결과를 얻을 수 없기 때문이다. 지속적인 혁신을 이루려면 조직이 작동하는 방식을 근본적으로 바꾸어야 한다. 이를 위해 기존 사업과 새로운 영역을 연결하는 구조, 전략과 실행을 조율하는 프로세스, 내외부 협력을 포괄해서 변화를 설계해야 한다(이한진 · 허웅, 2025).

혁신을 떠받치는 기둥

조직이 혁신을 이어가려면 변화를 위협이 아니라 새로운 기회로 보아야 한다. 과거에 성공했던 기업이 새로운 변화에 무너지는 까닭은 기술을 몰라서가 아니라, 기존 고객의 요구에 지나치게 충실하고 수익성이 높은 시장에만 집중하기 때문이다. 이 과정에서 기업은 자신의 강점에 의존하게 되고, 그 강점은 시간이 지나면서 경직성으로 변한다. 경직성이 쌓이면 새로운 기회를 가로막고 더욱 익숙한 방식만 고집하게 된다. 이러한 한계를 극복하려면 조직 설계 차원에서 구조와 운영 방식을 바꿔야 한다. 이런 변화는 네 가지 원리(ASEO)를 통해 실현할 수 있다.

첫째 원리는 양손잡이 조직 구조(Ambidextrous Organization)다. 기업이 사업을 운영할 때는 대체로 효율성과 통제를 중시하며, 이미 검증된 모델을 점진적으로 개선하는 데 집중한다. 그렇지만 새로운 기회를 탐색할 때는 전혀 다른 접근 방식을 도입해야 한다. 유연성과 자율성을 바탕으로, 실패를 감수하면서도 여러 실험을 반복해야만 가능성을 발견할 수 있다. 양손잡이 조직이란 이 두 가지 활동을 동시에 수행할 수 있는 역량을 뜻한다(O'Reilly & Tushman, 2013). 효율과 개선을 지향하는 기존 사업과, 탐색과 실험을 중시하는 혁신 활동은 서로 충돌하는 것처럼 보이지만, 두 축을 함께 운영할 수 있을 때 혁신을 지속가능하게 추구할 수 있다. 기존 사업이 안정적인 수익을 제공해 조직의 기반을 다진다면, 혁신 활동은 미래를 위한 새로운 성장 동력을 확보하는 역할을 담당한다.

따라서 조직을 설계할 때, 두 가지 영역을 어떻게 병행할 수 있을지를 반영해야 한다. 현재 사업과 혁신 활동의 비중을 상황에 맞게 조절하고, 두 영역의 목표와 성과 평가 기준도 구분해야 한다. 가령, 기존 사업에서는 비용 절감이나 품질 관리가 중요한 지표가 될 수 있지만, 혁신 활동에서는 실험의 수, 학습 속도, 새로운 기회의 발견이 더 적합한 지표가 된다. 보상 체계 또한 각 영역의 특성을 반영해야 한다. 이렇게 구분과 조율이 함께 이루어질 때 조직은 오늘의 성과와 내일의 성장을 동시에 확보할 수 있다.

둘째 원리는 전략적 정렬(Strategic Alignment)인데, 조직 설계의 방향을 재결정하는 기준이다. 전략, 구조, 프로세스, 보상, 사람이라는 다섯 가지 요소가 전략에 맞춰 운영될 때 조직은 일관성 있게 움직일 수 있다(Galbraith, 2014). 혁신 전략이 바뀌면 의사 결정, 성과 관리, 보상, 채용과 교육까지 전반이 함께 조정되어야 한다. 한두 요소만 달라지고 나머지가 그대로 남으면 조직은 서로 다른 원칙에 따라 움직이며 혼란을 겪는다. 다섯 요소가 모두 전략과 정렬될 때만 조직 전체가 흔들림 없이 변화를 이어갈 수 있다.

셋째 원리는 생태계적 사고(Ecosystem Cooperation)

다. 혁신은 한 기업의 역량만으로 이루어지지 않고, 다른 기업, 연구 기관, 정부와 연결되어 협력할 때 혁신을 이루어진다. 이런 협력이 활발하게 일어나는 곳은 같은 분야의 기업이 모여 있는 지역(클러스터)이다. 역사적으로 보면 특정 산업 내 기업과 기관이 지리적으로 집중되어 있을 때 경쟁과 협력이 동시에 촉진된다(Porter, 1998). 이런 클러스터에서는 지식이 빠르게 공유되고 인재가 자유롭게 이동하며, 새로운 아이디어가 끊임없이 생겨난다. 오늘날에는 디지털 기술 덕분에 물리적 거리의 제약이 크게 줄어들어 멀리 떨어진 파트너와도 협력할 수 있게 되었다. 이렇듯 혁신은 내부 역량을 넘어 산업 클러스터나 디지털 네트워크 같은 외부 생태계와의 구조적 연결 속에서 확장된다.

마지막으로 넷째 원리는 경계의 개방성(Open Innovation)이다. 필요한 지식을 외부에서 받아들이고, 내부 지식을 외부에 활용함으로써 혁신의 속도를 높이고 시장 기회를 확장하는 것이다(Chesbrough, 2003). 이 원리는 기존 폐쇄형 모델과는 다르게 접근해야 한다. 아이디어는 내부와 외부 어디에서든 시작될 수 있고, 새롭게 창출된 혁신은 여러 경로를 통해 시장에 진입할 수 있다. 사용하지 않는 특허조차 라이선스나 스핀오프를 통해 새로운 수익을 창출하는 자산이 된다. 또한 조직 내부만으로는 모든 지식과 역량을 확보하기 어렵기 때문에 외부의 지식과 특허, 아이디어를 활용하는 개방형 프로세스로 새로운 기회를 창출할 수 있다.

물론 현실에서 이 네 가지 원리를 모두 갖춘 조직은 많지 않다. 양손잡이 구조를 도입했지만 전략적 정렬이 부족하거나, 외부 협력은 활발하지만 내부 역량이 약한 경우처럼 한두 가지에만 치중하는 사례가 많다.

새로운 구조를 마련해도 전략이 명확하지 않으면 방향성을 잃기 쉽고, 외부 협력이 활발해도 내부 실행력이 부족하면 성과로 이어지지 않는다. 결국 네 가지가 서로 연계되어 작동할 때 조직은 지속적인 혁신을 실현할 수 있다.

30년을 이어온 혁신

1994년 온라인 서점으로 시작한 아마존(Amazon)이 클라우드, AI, 물류를 아우르는 기업으로 성장한 과정을 살펴보자. 아마존은 사업 영역을 확장하면서 각 분야에서 구조를 변화시켰다. 이런 지속적 확장과 혁신 뒤에는 고객 중심의 가치관, 역 방향 설계 방식, 내부 역량의 외부 확장, 그리고 실패를 자산으로 만드는 문화라는 네 가지 원리가 작동하고 있다(Stone, 2013).

'Day 1' 철학은 아마존의 전략과 운영 방식의 출발점이 되었다. 제프 베조스(Jeff Bezos)는 매일을 창업 첫날처럼 생각하라고 강조하며, 이를 인사, 의사 결정, 사업 운영 전반의 원칙과 기준으로 적용했다. 고객 중심, 장기적 사고, 실험 정신, 높은 기준 등 14개 원칙은 채용, 평가, 의사 결정 과정에 적용되었다. 이 가운데 가장 일관성 있게 적용된 원칙은 고객 중심이다. 아마존은 경쟁업체보다 고객을 우선시하며, 현재 요구에만 매달리지 않고 장기적으로 고객이 얻게 될 이익을 중심에 두고 제품과 서비스를 설계했다. 명시적 요구뿐 아니라 표면에 언급되지 않은 니즈를 발굴했고, 아마존 프라임의 무료 배송, 알렉사의 음성 인터페이스, AWS 서비스는 모두 고객이 요구하기 전부터 선제적으로 내놓은 서비스였다(Bryar & Carr, 2021).

아마존은 실행 단계에서 '역방향 설계'이라는 방법론을 활용했다. 새로운 제품이나 서비스를 개발할 때 먼저 출시 보도 자료를 작성하고, 고객이 얻게 될 혜택과 해결할 문제, 차별화 요소를 명확히 설정하고 역으로 개발 과정을 설계했다. 킨들(Kindle) 개발에서도 "10년 후 책 읽기가 디지털로 바뀔 것"이라는 미래 비전에서 출발해, 그

비전에서 거슬러 올라가 고객이 원하는 독서 경험과 필요한 기술, 비즈니스 모델을 설계했다. 킨들은 전자책 리더에서 출판 업계를 바꾼 서비스로 확장했고, 아마존은 이 방식을 다른 사업에도 일관성 있게 적용했다.

AWS는 이러한 접근이 새로운 사업으로 확장된 결과였다. 초기 아마존은 급성장하는 온라인 쇼핑몰을 운영하면서 주문 증가와 트래픽 변동에 대응할 IT 인프라를 자체적으로 구축했다. 이후 이 인프라를 외부 기업도 활용할 수 있도록 서비스로 제공했다. 데이터 처리, 보안, 확장성 같은 기술을 서비스 형태로 제공하면서 AWS는 아마존의 주요 사업으로 성장했다. 지금은 스타트업의 서비스 운영, 대기업의 데이터 분석, 공공기관의 디지털 전환까지 지원하는 글로벌 인프라 생태계로 발전했다. 내부 역량을 외부 서비스로 확장하는 과정에서 아마존은 고객의 필요를 먼저 정의하고 거꾸로 해법을 설계하는 방법론을 적용했다. 이 접근은 새로운 사업 기회를 발굴하는 데 활용될 수 있었다. AWS는 아마존이 고객 니즈를 선제적으로 파악하고, 그에 맞는 솔루션을 역으로 설계한 전략이 구체적인 성과로 이어졌다(Bezos & Isaacson, 2020).

이러한 도전은 실패를 학습 자원으로 전환하는 실험

문화와 결합해 아마존 성장의 기반이 되었다. 파이어폰의 실패에서 얻은 음성 인식 기술과 사용자 경험이 이후 알렉사 개발로 이어진 것처럼, 아마존은 실패를 다음 혁신의 자산으로 삼았다. 실험을 장려하는 전략, 이를 뒷받침하는 조직 구조, 빠른 실행을 가능하게 하는 프로세스, 장기적 시각을 반영한 보상 체계가 맞물려 작동했다. 채용 또한 실험 정신을 중시했고, 이런 일관성 덕분에 아마존은 계속 새로운 영역에 도전하며 성장할 수 있었다. 이처럼 Day 1 철학, 역방향 설계 방법론, AWS 사업 신설, 실험 문화가 서로 연결되며 30년 성장을 이끌었다.

스스로 학습하는 시스템

실제 현장에서 혁신이 실패하게 되는 이유는 좋은 아이디어가 부족해서가 아니다. 기존 업무와 새로운 실험 사이의 균형을 놓치거나, 전략이 바뀔 때 조직을 다시 정렬하지 못하거나, 외부 파트너와 협력을 지속하지 못하기 때문이다. AI는 이러한 한계를 보완하며 전략 수립에서 실행 관리까지 조직 운영 전반에 걸쳐 활용될 수 있다.

양손잡이 조직 구조에서는 기존 사업 영역과 혁신 탐색 영역에서 AI 활용 방식을 구분해야 한다. 기존 업무에서는 업무 효율성을 높이는 데 집중한다. AI 에이전트가 슬랙 메시지, 이메일, 회의 참석 기록을 주기적으로 추출하고 정리해 챗GPT나 제미나이에 전달하면, 업무 프로세스 개선을 위한 분석을 자동으로 실행할 수 있다. 이렇게 하면 공식 조직도에서 보이지 않던 실제 영향력 구조를 확인할 수 있다. 직급은 낮지만 여러 팀을 연결하는 허브 인재나, 팀장이지만 실제 영향력이 제한적인 상황을 발견할 수 있다. 이런 발견은 승진, 팀 재편, 프로젝트 리더 선정 등 인사나 조직 운영의 의사 결정에 활용할 수 있다.

혁신과 변화의 신호를 감지하는 시스템을 구축해야 한다. 혁신은 작은 시장에서 출발해 점차 확산되는데, 이 흐름을 놓치면 성장의 기회를 잃어버릴 수 있다. 이때, AI 에이전트가 매월 챗GPT에 요청하여 성장률 변화와 신규 플레이어 등장, 기술 발전 속도에 대한 데이터를 축적해 성장의 기회와 가능성을 예측할 수 있다. 이러한 분석 결과를 바탕으로 평상시에는 기존 사업 중심으로 운영하되, 변화 신호가 강해지면 혁신 실험의 비중을 높이는 방식으로 두 영역 간의 자원을 조정할 수 있다(이한진 · 허웅, 2025).

전략이 바뀌면 조직의 구조와 운영 방식도 함께 달라져야 한다. 그러나 실무에서는 진단 기준을 정하기가 쉽지 않다. 이럴 때 AI 에이전트를 활용하면 전략과 조직의 정렬 상태를 분석해 어긋나는 부분을 확인할 수 있다. 분석 결과를 토대로 데이터 사이언티스트나 AI 전문가 같은 새로운 역할을 신설하고, 부서 간 장벽을 낮춰 기획, 개발, 그리고 마케팅 인력이 함께 일하는 태스크포스 팀을 구성할 수 있다. 나아가 의사 결정을 신속히 하고, 실험과 실패를 허용하는 문화를 조성해야 한다. 성과 평가는 단기 수익에만 치중하지 않고 장기 학습과 혁신 지표를 포함하도록 바꾸며, 실패한 실험도 학습으로 인정하는 제도를 마련해야 한다.

한편 외부 생태계에서 전략적 파트너를 찾는 일은 쉽지 않다. 크런치베이스(Crunchbase)에서 추출한 기업 데이터를 노션에 정리한 뒤, AI 에이전트에 '우리 회사의 기술 포트폴리오, 시장 전략, 투자 여력을 고려할 때 공동 개발 가능성이 높은 파트너 기업 10곳을 찾아 협력 분야, 시너지 효과, 협업 방식을 분석해 주세요'라고 요청할 수 있다. 그 분석 결과를 바탕으로 이들 기업과 지속적인 협력 관계를 구축하고 공동 혁신으로 발전시킬 수 있다. 이후 기술 교류, 인재 순환, 공동 연구개발 프로그램을 운영하고, AI로 협력 성과를 추적해 어떤 방식이 가장 큰 성과를 내는지 확인할 수 있다.

이제 다음 단계에서 조직 경계를 열어 외부 지식을 받아들이면서 동시에 내부 지식을 밖으로 내보내는 양방향 혁신을 실행할 수 있다. AI 에이전트가 구글 페이턴트(Google Patents)나 학술 데이터베이스를 정기적으로 모니터링하고, '우리 제품과 관련된 최신 특허나 연구 중에서 라이선스 도입 가능성이 높은 기술 5가지를 찾아서 기술적 우위성, 도입 비용, 시장 활용 가능성을 분석해 주세요'라는 요청을 하면 필요한 외부 지식을 도입할 수 있다. 반대로 사용하지 않는 특허나 기술을 수익화하는 방법을 찾는 것도 가능하다. AI 에이전트가 보유 특허 목록과 시장 동향 데이터를 결합해 '현재 미활용 특허 중에서 라이선스 수익 가능성이 높은 기술과 잠재 고객을 찾아서 수익화 전략을 제시해 주세요'라는 분석을 수행하도록 설정할 수 있다.

마지막으로 양손잡이 조직, 전략적 정렬, 생태계 협력, 개방형 혁신의 네 가지 원리(ASEO)가 분리되지 않고 함께 작동하도록 이를 통합 관리하는 AI 기반 대시보드를 구축하는 것이 필요하다. 이 대시보드는 자원 배분 현황, 전략과 조직의 정렬 정도, 생태계 협력 성과, 개방형 혁신의 진행 상황을 실시간으로 확인할 수 있게 한다. 정기적으로 AI 에이전트에 '현재 우리 조직의 실행 상태를 종합 평가하고, 가장 시급한 개선 영역 3가지와 구체적 실행 방안을 제시해 주세요'라고 요청해 지속적으로 개선한다. AI 에이전트는 조직 변화를 이끄는 파트너로 활용할 수 있다. 조직은 이를 통해 실험과 학습의 결과를 성장하는 사업에 반영할 수 있다.

혁신 생태계의 완성

혁신을 조직의 역량으로 확장하기 위해서는 네 가지 설계 원리를 적용해야 한다. 양손잡이 구조는 기존 사업의 관성을 넘어 변화를 이끄는 동력으로 작동한다. 전략적 정렬을 통해 혁신을 실제로 작동하는 시스템으로 구현할 수 있다. 이때 생태계 관점의 네트워크를 형성하면 단일 기업의 제약과 한계를 넘어 협력의 기반을 넓힐 수 있다. 아울러 경계의 개방성을 통해 내부 역량을 새로운 가치로 전환하고 외부 역량을 내재화 할 수 있다. 이 과정에서 AI 에이전트는 네 가지 원리를 실제 조직 운영에 구현하는 데 기여할 것이다.

이 책은 한 사람의 작은 불편을 이해하는 데서 출발해 그것을 조직 전체의 혁신으로 확장하는 과정을 다뤘다. 여기서 강조한 것은 기술이 아무리 발전해도 결국에는 사람을 위한 것이어야 한다는 점이다. 리더는 변화의 방향을 결정하는 주체이며, 혁신 시스템의 설계자이자 운영자가 되어야 한다. 미래는 기다림 속에서 오는 것이 아니라 설계와 실행의 과정에서 만들어진다. 혁신은 관찰과 질문, 실험과 학습이 이어지는 그 길 위에서 천천히 자라날 것이다.

[실전 AI 툴키트] 마누스

마누스(https://manus.im/)는 복잡한 업무를 자동화하고 외부 도구와 연결해 실행하는 범용 AI 에이전트다. 사용자가 원하는 결과만 알려주면 필요한 도구를 연결하고 작업 과정을 스스로 판단해 목표를 달성한다.

주요 기능

- 자율적 업무 실행: 프로젝트를 여러 단계로 나누어 계획부터 실행까지 자동으로 진행하며, 컴퓨터를 꺼도 백그라운드에서 작업을 계속 진행한다.
- 멀티 모달 핸들링: 텍스트, 이미지, 코드, 파일을 함께 다루어 보고서 작성, 이미지 분석, 코드 개발까지 단일 환경에서 처리한다.
- 외부 도구 통합: 웹 브라우저, 코드 에디터, 데이터베이스와 연결해 실시간 정보 수집과 워크플로를 자동화

한다.

- 적응형 학습: 사용자 피드백을 반영해 반복 업무의 패턴을 학습하고, 개인화된 결과를 제공한다.

사용 방법

분석 리포트를 작성하거나 시장 데이터를 모니터링하는 과제를 자연어로 입력하면, 이를 스스로 세분화해 실행 계획을 세운다. 실행 과정에서 새 지시가 들어오면 즉시 반영해 흐름을 조정하고, 필요할 경우 앞 단계까지 되돌려 다시 진행한다. 외부 검색, 파일 편집, 데이터 분석 같은 부가 작업은 자동으로 연결해 수행한다. 완료된 결과는 저장하고 공유할 수 있을 뿐 아니라, 동일한 과제를 주기적으로 모니터링하며 자동으로 갱신할 수도 있다.

활용 팁

명확한 목표와 결과물이 정해진 과제부터 시작한다. 대규모 프로젝트는 단계를 나누어 진행하고, 각 단계 결과를 검토하며 다음 방향을 정한다. 반복되는 업무에는 구체적인 피드백을 주어 결과의 정확도를 높인다. 물론 장시간이 걸리는 데이터 분석이나 보고서 작성은 백그라운드 실행 기능으로 처리한다.

참고문헌

이한진·허웅(2025). 《AI 린 스타트업 가이드》. 커뮤니케이션북스.

Bezos, J. & Isaacson, W.(2020). *Invent and wander: The collected writings of Jeff Bezos*. Harvard Business Review Press. 이영래 옮김(2021). 《제프 베조스, 발명과 방황: 어린 시절부터 아마존을 거쳐 블루 오리진까지》. 위즈덤하우스.

Bryar, C. & Carr, B.(2021). *Working backwards: Insights, stories, and secrets from inside Amazon*. St. Martin's Press. 유정식 옮김(2021). 《순서 파괴: 지구상 가장 스마트한 기업 아마존의 유일한 성공 원칙》. 다산북스.

Chesbrough, H. W.(2003). *Open innovation: The new imperative for creating and profiting from technology*. Harvard Business Review Press. 김기협 옮김(2009). 《오픈 이노베이션》. 은행나무.

Galbraith, J. R.(2014). *Designing organizations: Strategy, Structure, and Process at the Business Unit and Enterprise Levels*. Jossey-Bass.

O'Reilly, C. A. & Tushman, M. L.(2013). Organizational ambidexterity: Past, present, and future. *Academy of Management Perspectives, 27*(4), pp.324~338. http://dx.doi.org/10.2139/ssrn.22857042%3E3.0.CO;2-Z

Porter, M. E.(1998). Clusters and the new economics of competition. *Harvard Business Review, 76*(6), pp.77~90. https://hbr.org/1998/11/clusters-and-the-new-economics-of-competition

Stanford University Hasso Plattner Institute of Design(2010). An introduction to design thinking process guide. d.school.

Stone, B.(2013). *The everything store: Jeff Bezos and the age of*

Amazon. Little, Brown and Company. 야나 마키에이라 옮김(2014). 《아마존, 세상의 모든 것을 팝니다: 아마존과 제프 베조스의 모든 것》. 21세기북스.

허웅

삼성전자 글로벌마케팅실 마케팅혁신팀 마케터다. 마케팅에서 AI를 활용한 비즈니스 혁신과 디지털 트랜스포메이션을 담당하고 있다. 연세대학교에서 사학과 정치외교학, 한국방송통신대학교에서 데이터과학과 컴퓨터과학 학사 학위를 취득했다. 그동안의 커리어를 통해 AI, 메타버스, 웹3 등 프로젝트를 수행하며 디지털 기술 기반 마케팅 혁신에 기여하고 있다. 현대자동차에서는 전기차 고객경험 혁신 프로젝트를, 한국도요타에서는 웹사이트 개발 및 디지털 마케팅을, P&G에서는 데이터 기반 마케팅 전략을 담당했다. 2021년 대한민국 광고대상 이노베이션 부문에서 수상의 영예를 안았다. 현재 마케팅 자동화 시스템 구축과 AI 도입을 통한 디지털 역량 강화와 고객 경험 혁신에 집중하고 있다. AI 비즈니스 혁신 연구를 주제로 실무 경험 기반 학술 활동에 참여하고 공동 저서로 《AI 린 스타트업 가이드》를 출간했다.

이한진

한동대학교 창의융합교육원 미네르바와 AI문화예술 모듈 교육과정 담당 교수다. 서울대학교 빅데이터혁신융합대학 겸임교수로 AI 기반 제품 기획 및 개발, 기업가정신 사례를 강의하며 EBS, TEDxSeoul에서도 소개되었다. 고려대학교에서 소비자행동론 기반 고객경험 실증연구를 주제로 디지털경영학 박사학위를 받았다. 연세대학교에서 사회학과 신문방송학(온라인 커뮤니케이션 세부 전공)으로 학사와 석사과정을 졸업했다(2000~2011). 한국사회적기업진흥원 평가위원, 중소기업유통센터 자문위원, 서울청년시민위원, 아름다운커피 공정무역 시민대사로 활동했다. 현재는 교육부와 한국연구재단이 함께하는 빅데이터혁신공유대학 운영위원, 국제인공지능학회(IAAI) 및 한국멀티미디어학회(KMMS) 이사로 활동하고 있다. "Enhancing Online Learning Engagement: Teacher Support, Psychological Needs Satisfaction and Interaction(BMC Psychology)"(2025), "시각예술 창작과 인공지능 협업의 상호작용에 관한 실증연구"(2024) 등 60편 이상의 논문을 SCI(E), SCOPUS, KCI 등재학술지에 게재했다. 나아가 과학기술정통부 2025 스마트빌리지 구축 사업(포항시 청소년 마음돌봄) 연구총괄, 경북형 인재양성 메타버스 아카데미, 문화체육관광부 주관 2025 지혜학교 〈AI와 문화예술〉 특별 강의를 맡으며 민관학 협력을 이어가는 중이다. 공동 저서로 《AI 린 스타트업 가이드》를 출간했다.